WOLFGANG BOSSE

Der subordinationsrechtliche Verwaltungsvertrag
als Handlungsform öffentlicher Verwaltung

Schriften zum Öffentlichen Recht

Band 253

Der subordinationsrechtliche Verwaltungsvertrag als Handlungsform öffentlicher Verwaltung

unter besonderer Berücksichtigung der Subventionsverhältnisse

Von

Dr. Wolfgang Bosse

DUNCKER & HUMBLOT / BERLIN

Alle Rechte vorbehalten
© 1974 Duncker & Humblot, Berlin 41
Gedruckt 1974 bei Buchdruckerei A. Sayffaerth - E. L. Krohn, Berlin 61
Printed in Germany

ISBN 3 428 03244 6

Für Sibylle

Vorwort

Diese Arbeit lag im WS 1973/74 dem Fachbereich Rechtswissenschaft der Universität Tübingen als Dissertation vor. Schrifttum und Rechtsprechung konnten im wesentlichen bis Februar 1974 berücksichtigt werden.

Für seine großzügige und freundliche Betreuung der Dissertation danke ich Herrn Prof. Dr. Dr. h. c. Otto Bachof. Bedanken möchte ich mich auch bei Herrn Ministerialrat a. D. Senator e.h. Dr. Johannes Broermann für die Aufnahme der Arbeit in die Reihe „Schriften zum Öffentlichen Recht".

Tübingen, im April 1974

Wolfgang Bosse

Inhaltsverzeichnis

1.	**Einleitung**	15
11.	Begriffliche Einordnung des subordinationsrechtlichen Verwaltungsvertrages (sVV)	15
12.	Praktische Bedeutung und Verbreitung des sVV	16
13.	Zielsetzung der Arbeit	18
2.	**Abgrenzungen**	20
21.	Abgrenzung von sVV und privatrechtlichem Vertrag	20
211.	Vorbemerkung	20
212.	Das Rechtsverhältnis als möglicher Gegenstand der Abgrenzung ..	20
213.	Abgrenzung nach dem Gegenstand der Regelung	21
214.	Unzulänglichkeit der bisherigen Abgrenzung	22
2141.	Versagen bei fehlender Normierung	22
2142.	Versagen jeder Abgrenzung wegen der „Wahlfreiheit" der Verwaltung	22
215.	Verzicht auf die „Wahlfreiheit"	24
2151.	Historische Bedingtheit ohne dogmatische Begründung	24
2152.	Reduzierung der Wahlfreiheit bezüglich der Rechtsgebiete auf ein reines Formenwahlrecht	25
216.	Abgrenzung nach dem Gegenstand der Regelung und der Art der zu erfüllenden Aufgaben	28
22.	Abgrenzung von sVV und Verwaltungsakt (VA)	30
221.	Bisherige Abgrenzungsversuche	30
222.	Kritik der h. M. — insbesondere bzgl. des Merkmals der „inhaltlichen Einflußnahme"	32
223.	Versuch einer Neubestimmung des Verhältnisses zwischen sVV und VA	34
2231.	Rechtsfolgewille der Beteiligten	35
2232.	Gegenseitige Leistungspflichten	35
2233.	Verhandlungsspielraum als bloßes Hilfskriterium	35
224.	Breitere Anwendbarkeit des sVV als Ergebnis der Abgrenzung ..	35
3.	**Wert eines Alternativitätsverhältnisses zwischen sVV und VA**	37
31.	Vorbemerkung	37
32.	Gegen den sVV als gleichberechtigte Handlungsform vorgetragene Argumente	37
321.	Ist der sVV eine contradictio in adiecto?	37
322.	Der Vertrag im Schatten einseitiger Regelungskompetenz	38

323.	Widerspricht die Vertragsfreiheit notwendigerweise den rechtsstaatlichen Verwaltungsgrundsätzen?	39
324.	Vorurteile	40
33.	Gesichtspunkte für eine breitere Anwendung des sVV	42
331.	Größere Elastizität des Vertrages bei fehlender gesetzlicher Regelung	42
332.	Bessere Sicherstellung des Rechtsfriedens bei vertraglichem Handeln	43
333.	Die Notwendigkeit von Vergleichsverträgen	43
4.	**Zulässigkeitsgrenzen des sVV**	**45**
41.	Vorbemerkung	45
42.	Geschichtlicher Überblick	45
43.	Zulässigkeit der Form des Vertrages	47
431.	Zulässigkeit — Rechtmäßigkeit	47
432.	Freiheit der Handlungsformen	48
433.	Der Vorrang des Gesetzes	48
4331.	Das ausdrückliche gesetzliche Verbot	49
4332.	Der VA als Regelform — Gleichsetzung mit gesetzlichem Verbot des Vertrages?	49
4333.	Kein gesetzliches Verbot bei Rechtsfolgeermessen	50
44.	Rechtmäßigkeit vertraglicher Regelungen	51
441.	Austauschverträge	51
4411.	Leistung des Bürgers	51
44111.	Prinzip vom Vorbehalt des Gesetzes	51
44112.	Rechtfertigung ungesetzlicher Leistungen durch „volenti non fit iniuria?"	51
44113.	Verhältnismäßigkeitsprinzip als Ausnahme vom Vorbehalt des Gesetzes	55
44114.	Das Verbot sachwidriger Koppelung	59
4412.	Die Leistung der Behörde — Bindung an das Gesetzmäßigkeitsprinzip	60
442.	Vergleichsverträge	61
4421.	Einbeziehung des Prozeßvergleichs	61
4422.	Zulässigkeit des Prozeßvergleichs	62
44221.	Die Verfügungsbefugnis als zentrales Problem	62
44222.	Die Rechtsprechung	62
44223.	Das Schrifttum — kurzer Überblick	64
44224.	Eigene Stellungnahme	64
	Gesetzmäßigkeitsprinzip und Prozeßvergleich	66
	Die Einschränkende Bedeutung der Verfügungsbefugnis der Parteien	67
	Das überwiegende öffentliche Interesse	67
4423.	Zulässigkeit des außergerichtlichen Vergleichsvertrages	68

44231.	Unterschiede zwischen gerichtlichem und außergerichtlichem Vergleich	68
	Amtsermittlungsprinzip	69
	Gesetzmäßigkeitsprinzip	69
44232.	Zusätzliche Voraussetzungen für den außergerichtlichen Vergleich	70
5.	**Verwaltungsvertrag und Rechte Dritter**	74
51.	Kritik der herrschenden Meinung	74
52.	Lösungsvorschlag	76
521.	Verpflichtungs- und Verfügungsgeschäft im Verwaltungsrecht	76
522.	Rechtsgestaltung als Leistung der Behörde	76
523.	Schlichtes Verwaltungshandeln als Leistung der Behörde	78
524.	Zusammenfassung	79
6.	**Unterschiede zwischen sVV und VA**	81
61.	Unterschiede in der Bindungswirkung	81
611.	Bindungseintritt und Bindungsdauer beim VA	81
612.	Bindungseintritt und Bindungsdauer beim sVV	82
6121.	Rechtswidrigkeit und Nichtigkeit — Bestandskraft?	82
6122.	Verträge mit Dauerwirkung — clausula rebus sic stantibus	85
6123.	Anfechtung?	87
62.	Rechtsschutz	88
621.	Gerichtliche Überprüfbarkeit	88
622.	Rechtsweg	88
623.	Klageart und Klagenotwendigkeit	89
63.	Vollstreckbarkeit	91
64.	Verfahren und Form	91
65.	Leistungsstörungen	92
7.	**Eignung des sVV zur Regelung von Subventionsverhältnissen insbesondere öffentlicher Darlehen**	94
71.	Notwendigkeit neuer Formen in der Leistungsverwaltung	94
72.	Verharren der h. M. bei der Zweistufentheorie	94
73.	Kritik der Zweistufentheorie	96
731.	Keine Einigkeit der Zweistufigkeitslehre	96
732.	Abgrenzung der beiden Stufen voneinander	97
733.	Gegensätzliche Entscheidungen in der Rechtsprechung	99
734.	Rechtliches Verhältnis der Stufen zueinander	100
7341.	Bewilligungsbescheid als Geschäftsgrundlage	101
7342.	Bewilligungsbescheid als Rechtsgrund	101
7343.	Bewilligungsbescheid als privatrechtsgestaltender VA	101
735.	Zusammenfassung	103
74.	Einheitlich öffentlichrechtliche Konstruktion des Subventionsverhältnisses	103

75.	Bisherige Bedeutungslosigkeit des sVV im Subventionsrecht	104
76.	Lösungen, die der Sache nach dem sVV nahe kommen	105
77.	Vorteile einer Subventionsregelung durch sVV gegenüber einer solchen durch VA	106
78.	Kernprobleme des Subventionsrechts und ihre Lösung mit Hilfe des sVV	107
781.	Begründung des Subventionsverhältnisses	107
782.	Rechtsschutz bei Ablehnung des Antrags	108
783.	Störungen des Subventionsverhältnisses	110
7831.	Irrtum über das Vorliegen der Voraussetzungen der Subventionierung	110
7832.	Nachträglicher Wegfall von Subventionsvoraussetzungen	111
7833.	Nachträgliche Änderungen der Subventionsbedingungen	111
7834.	Beifügung belastender Nebenbestimmungen	112
7835.	Nichtauszahlung der Subvention	112
7836.	Nichterfüllung der Vertragspflichten durch den Bürger	112
79.	Zwischenschaltung von Kreditinstituten	113
791.	Grundschema der Rechtsbeziehungen bei Subventionierung durch sVV	113
792.	Die rechtliche Stellung der Bank	113

Zusammenfassung der wichtigsten Ergebnisse ... 116

Schrifttumsverzeichnis ... 119

Verzeichnis der angezogenen Entscheidungen ... 129

Abkürzungsverzeichnis

A. F.	=	alte Folge
AO	=	Abgabenordnung
AöR	=	Archiv für öffentliches Recht
Bay. VerfGH	=	Bayrischer Verfassungsgerichtshof
Bay. VBl.	=	Bayrische Verwaltungsblätter
Bay. VGH	=	Bayrischer Verwaltungsgerichtshof
Bay. VGH N. F.	=	amtliche Sammlung von Entscheidungen des Bay. VGH mit Entscheidungen des Bay. VerfGH neue Folge
BB	=	Betriebsberater
BBauBl.	=	Bundesbaublatt
BBauG	=	Bundesbaugesetz
BGB	=	Bürgerliches Gesetzbuch
BGH	=	Bundesgerichtshof
BGHZ	=	Entscheidungen des Bundesgerichtshofs in Zivilsachen, zitiert nach Band und Seite
BSGE	=	Entscheidungen des Bundessozialgerichts, Band, Seite
BSHG	=	Bundessozialhilfegesetz
BT Drucks.	=	Bundestagsdrucksache
BVerfGG	=	Bundesverfassungsgerichtsgesetz
BVerwG	=	Bundesverwaltungsgericht
BVerwGE	=	Entscheidungen des Bundesverwaltungsgerichts, Band, Seite
DÖV	=	Die öffentliche Verwaltung
DVBl.	=	Deutsches Verwaltungsblatt
EVwRO f. Wttbg.	=	Verwaltungsrechtsordnung für Württemberg, Entwurf eines Gesetzes mit Begründung
EVwVerfG	=	Musterentwurf eines Verwaltungsverfahrensgesetzes (1963) mit Anhang „Münchener Fassung" (1966)
FStrG	=	Bundesfernstraßengesetz
GewArch.	=	Gewerbearchiv
Hess.	=	Hessisch(er)
JR	=	Juristische Rundschau
JuS	=	Juristische Schulung
JZ	=	Juristenzeitung
kVV	=	koordinationsrechtlicher Verwaltungsvertrag
LAG	=	Lastenausgleichsgesetz
LB	=	Lehrbuch
LBO	=	Landesbauordnung von Baden-Wttbg.
LVG	=	Landesverwaltungsgericht
LVwG Schl.H.	=	Allgemeines Verwaltungsgesetz für das Land Schleswig-Holstein (Landesverwaltungsgesetz) v. 18. 4. 1967

MDR	= Monatsschrift für Deutsches Recht
m. w. Nw.	= mit weiteren Nachweisen
N. F.	= Neue Folge
NJW	= Neue Juristische Wochenschrift
OLG	= Oberlandesgericht
OVG	= Oberverwaltungsgericht
OVGE	= Entscheidungssammlung des jeweils genannten OVG, Band, Seite
Rdn.	= Randnummer
RegEVwVerfG	= Entwurf eines Verwaltungsverfahrensgesetzes der Bundesregierung vom 18. 7. 1973
RGaO	= Reichsgaragenordnung
RGZ	= Sammlung der Entscheidungen des Reichsgerichts, Band, Seite
Rspr.	= Rechtsprechung
RVO	= Reichsversicherungsordnung
SGG	= Sozialgerichtsgesetz
SKV	= Staats- und Kommunalverwaltung
SozVuArbR	= Blätter für Steuerrecht, Sozialversicherung und Arbeitsrecht
sVV	= subordinationsrechtlicher Verwaltungsvertrag
VA	= Verwaltungsakt
VerwArch.	= Verwaltungsarchiv, Band, Seite
VerwR	= Verwaltungsrecht
VerwRspr.	= Verwaltungsrechtsprechung, Band, Seite
VGH	= Verwaltungsgerichtshof
VVdStRL	= Veröffentlichungen der Vereinigung deutscher Staatsrechtslehrer, Heft, Seite
ZPO	= Zivilprozeßordnung

1. Einleitung

11. Begriffliche Einordnung des subordinationsrechtlichen Verwaltungsvertrages (sVV)

Schließt ein Träger öffentlicher Verwaltung Verträge ab, so sind zunächst privatrechtliche und öffentlich-rechtliche Verträge zu unterscheiden.

Privatrechtlich sind die Verträge:
— Bei den hoheitlich nicht normierten Beschaffungsvorgängen,
— bei der wirtschaftlichen Betätigung von Verwaltungsträgern durch Betriebe, z. B. Regiebetriebe des Staates, Eigenbetriebe der Gemeinden,
— in begrenztem Maße auf dem Gebiet der Daseinsvorsorge[1].

Der öffentlich-rechtliche Vertrag umfaßt:
— staatsrechtliche Verträge[2],
— gewisse Vereinbarungen eines Trägers öffentlicher Verwaltung mit privaten Wirtschaftsträgern auf dem Gebiet der Wirtschaftsplanung[3],
— verwaltungsrechtliche Verträge.

Der verwaltungsrechtliche Vertrag oder kurz: Verwaltungsvertrag ist zu untergliedern in koordinationsrechtliche Verträge, bei denen die Vertragsparteien schon vor den Vertragsverhandlungen einander gleichgeordnet gegenüberstehen, und subordinationsrechtliche Verwaltungsverträge, bei denen grundsätzlich ein Über - Unterordnungsverhältnis

---

[1] Forsthoff, der den Begriff prägte, lehnt eine Beschränkung „auf den der Vitalsphäre entnommenen Mindeststandard individueller Daseinsbehauptung" ab (Forsthoff, Rechtsfragen, S. 12). Dagegen befürwortet eine solche Beschränkung Ossenbühl, DÖV 1971, 516; (dort auch weitere Einzelheiten zum Begriff Daseinsvorsorge). Die Daseinsvorsorge umfaßt danach also lediglich die Leistungen, die als spezifisch staatliche Leistungen ins öffentliche Recht einzubeziehen sind. Obwohl die Verwaltung auf dem Gebiet der Daseinsvorsorge öffentliche Aufgaben erfüllt, soll sie nach ganz h. M. auch durch privatrechtliche Verträge handeln dürfen — so z. B. bei der Abwicklung von Subventionskrediten. — Zur Kritik der h. M. siehe unten 214.

[2] Vgl. dazu Schneider, DÖV 1957, 644 ff. u. BVerfGE 34, 216. — Völkerrechtl. Verträge sind nicht einbezogen.

[3] z. B. im Zusammenhang mit der „konzertierten Aktion". Zu diesen erst am Anfang einer Entwicklung stehenden Fragen: Ipsen, Planung II S. 100 ff.

besteht, so daß die vertragliche Einigung an die Stelle einer einseitig verbindlichen hoheitlichen Regelung tritt[4].

Der subordinationsrechtliche Verwaltungsvertrag umfaßt seinerseits Vergleichsverträge und Austauschverträge[5].

12. Praktische Bedeutung und Verbreitung des sVV

„Der öffentlich-rechtliche Vertrag stellt ein aus der öffentlichen Verwaltung nicht mehr wegzudenkendes Rechtsinstitut dar. Nahezu jeder Gegenstand des Verwaltungshandelns ist auch ein Gegenstand des öffentlich-rechtlichen Vertragsschlusses", behauptet Salzwedel 1958[6].

Damals eher Forderung als Spiegel der Realität, wird seine These heute — besonders soweit sie sich auf den subordinationsrechtlichen Verwaltungsvertrag bezieht — von der Verwaltungspraxis weitgehend bestätigt. Doch die Entwicklung verlief anders, als man es Ende der fünfziger Jahre erwartet — oder befürchtet — hatte: Nicht die Rechtmäßigkeitsgrenzen wurden gesprengt[7], nicht der Verwaltungsvertrag zur Umgehung rechtsstaatlicher Grundsätze mißbraucht[8], sondern die vielgerühmte Atypik[9] der vertraglichen Regelungen blieb auf der Strecke. Der Verwaltungsvertrag wurde in manchen Bereichen zur durchaus typischen Handlungsform der Verwaltung, ersetzte und verdrängte stellenweise den VA.

Die praktische Bedeutung des subordinationsrechtlichen Verwaltungsvertrages zeigt schon die Einzelbegründung des Musterentwurfs eines Verwaltungsverfahrensgesetzes von 1963. Als Beispiel für die ständig zunehmende Verbreitung des Verwaltungsvertrages wird dort angeführt[10], daß in Schleswig-Holstein 1957 11 %, 1960 aber bereits 29,3 %

---

[4] Giacometti, Verwaltungsrecht, S. 443 und ähnlich schon Otto Mayer, AöR 3, 42 hält allerdings den subordinationsrechtlichen Verwaltungsvertrag für eine contradictio in adiecto. Dazu unten 321.

[5] Im einzelnen hierzu unten 44.

[6] Salzwedel, S. 1. Wie sich dem Zusammenhang entnehmen läßt, meint er mit „öffentlich-rechtlichem Vertrag" hier vor allem den Verwaltungsvertrag.

[7] In der Tat liegt diese Befürchtung nicht fern: Salzwedel, S. 132 und ihm folgend Scheerbarth, S. 142 erklären auf Grund des „vertragsfordernden Verwaltungsinteresses" Verwaltungsverträge auch bei Verstoß gegen den Gleichbehandlungsgrundsatz für zulässig.

[8] Vor dieser Gefahr hat am eindringlichsten Bullinger, Vertrag, S. 225 gewarnt: Das hoheitliche Verwaltungsermessen stehe „in fundamentalem Gegensatz zur Vertragsfreiheit als der Freiheit, bis zur Grenze der Sittenwidrigkeit und speziell des Wuchers um eine Gegenleistung zu feilschen".

[9] Vgl. etwa EVwVerfG, S. 187; Salzwedel, S. 49; Lerche, S. 62; Haueisen, DVBl. 1961, 837; Ihle, S. 19.

[10] EVwVerfG 1963 Einzelbegrd. vor § 40, S. 186. Dieselben Zahlenangaben finden sich im RegEVwVerfG Einzelbgrdg. zu Teil IV, BT Drucks. VII/910, S. 77.

aller abgeschlossenen Wiedergutmachungssachen durch Vertrag erledigt wurden[11].

Am augenfälligsten wird die Entwicklung des Verwaltungsvertrages zur typischen Handlungsform öffentlicher Verwaltung im Baurecht: Während Maury 1950[12] noch mit Selbstverständlichkeit davon ausgeht, daß Leistungen des Bürgers, welche die Voraussetzung schaffen für eine Befreiung von der Stellplatzpflicht (gem. § 2 RGaO), durch sogenannte „Parkflächenauflagen" geregelt werden, hat sich heute die vertragliche Regelung[13] in Gestalt der „Ablösungsverträge" durchgesetzt[14].

An diesem Beispiel zeigt sich, daß der subordinationsrechtliche Verwaltungsvertrag im Begriff ist, in traditionelle Bereiche des Verwaltungsaktes als alternative Handlungsform einzubrechen — (alternativ, weil die Regelung durch Verwaltungsakt mit Auflage ja grundsätzlich nach wie vor möglich bleibt). Des weiteren zeigt sich, daß das bisherige Bild vom Verwaltungsvertrag veraltet ist: Wo typisierte, formularmäßige Verträge, in die jeweils nur Name und Datum einzusetzen sind, hundertfach abgeschlossen werden, ist kein Raum mehr für die Vorstellung einer atypischen Regelungssituation, bei der sich Bürger und Staat „auf die Ebene der Gleichordnung begeben" und „bei gleicher Einflußmöglichkeit des Bürgers" ihre jeweiligen Interessen vertraglich aushandeln. Die auf die Atypik[15] aufbauende bisherige Lehre vom subordinationsrechtlichen Verwaltungsvertrag ist daher von Grund auf überholungsbedürftig. — Vor allem aber zeigt sich schließlich, daß die bislang kaum beachtete Abgrenzung von sVV und VA zur Kernfrage für das Verständnis des Vertrages als Handlungsform öffentlicher Verwaltung wird.

---

[11] Die zum Teil berechtigte Kritik am Sinn solcher Zahlenangaben durch *Baring*, DVBl. 1965, 181 Fn. 10, vermag doch deren Eignung zur Veranschaulichung der tatsächlichen Verbreitung des sVV nicht zu schmälern, zumal über die Zulässigkeit damit noch nichts ausgesagt wird.

[12] *Maury*, DVBl. 1950, 634.

[13] Anstoß für diese Umstellung war in Baden-Württemberg die LBO vom 6. 4. 1964, die in § 69 VII eine vertragliche Regelung vorsieht. Da dort aber eine Nutzungsberechtigung des Stellplatzpflichtigen vorgeschrieben ist, die in der Praxis vielfach nicht verwirklicht werden kann und daher auch meist vertraglich nicht vereinbart wird, ist Grundlage für die meisten Ablösungsverträge § 94 LBO, der in besonderen Fällen, falls das öffentliche Interesse nicht entgegensteht, Befreiungen ermöglicht. Bemerkenswert ist, daß es sich sonach bei den meisten Ablösungsverträgen um unbenannte Verträge handelt.

[14] Eine Umfrage der Stadtverwaltung Lahr (AZ 658/401) bei den Stadtkreisen und Großen Kreisstädten Baden-Württembergs vom 18. 2. 1969 ergab, daß nur 5 von den 29 Befragten keine generelle Regelung in Form typisierter, formularmäßiger Verträge für die Erhebung von Geldleistungen als Voraussetzung für die Befreiung von der Stellplatzpflicht geschaffen haben.

[15] Vgl. hierzu Fn. 9.

13. Zielsetzung der Arbeit

Ziel der Arbeit ist es daher in erster Linie, ausgehend von einem der neueren Entwicklung angemessenen Vertragsbegriff, breitere Grundlagen für ein Handeln der Verwaltung durch subordinationsrechtliche Verwaltungsverträge zu schaffen. Dabei geht die Stoßrichtung des Verwaltungsvertrages nach zwei Seiten: Einerseits dringt der Verwaltungsvertrag in den Bereich des bisherigen Verwaltungsprivatrechts ein, andererseits tritt er als grundsätzlich alternativ anwendbare Handlungsform neben den Verwaltungsakt, der auf manchen Gebieten als unzweckmäßig und umständlich überspielt wird. Wie notwendig es ist, eine derartige Entwicklung anzustoßen, zeigt die Tatsache, daß das Verwaltungsprivatrecht einerseits dem Betrachter „den Eindruck einer heillosen Verwirrung" vermittelt[16], während andererseits das Bundesverwaltungsgericht[17] die Wucherung eines „Verwaltungsakts an wen es angeht auf Unterwerfung durch Boten" hervorbrachte[18].

Da Verwaltungsprivatrecht und Verwaltungsakt in der „Zweistufentheorie" eine besonders unglückliche Ehe eingingen, wird ein Schwerpunkt der Arbeit darin liegen, aufzuzeigen, daß der subordinationsrechtliche Verwaltungsvertrag wesentlich besser geeignet ist, die Subventionsverhältnisse rechtlich zu erfassen, und dabei zu dogmatisch und pragmatisch befriedigenden Ergebnissen führt.

Grundvoraussetzung für eine breitere Anwendung des sVV im Bereich des bisherigen Verwaltungsprivatrechts und für einen dadurch möglichen Gewinn an Klarheit und Überschaubarkeit ist das Auffinden annehmbarer Abgrenzungsmöglichkeiten zwischen p.r.Vertrag und sVV, denn solange diese Abgrenzung beinahe „hoffnungslos schwierig" ist[19], ist im Bereich der Leistungsverhältnisse der praktische Wert des Vertrages erheblich reduziert.

Weiterhin kann eine an der Effizienz des Verwaltungshandelns und an rechtsstaatlichen Grundsätzen orientierte Einordnung des Verwaltungsvertrages nur gelingen, wenn das in seinen Spannungen bisher noch nicht gelöste Nebeneinander von subordinationsrechtlichem Ver-

---

[16] So *Emmerich*, JuS 1970, 333, der allerdings diese Feststellung auf das nur teilweise identische Problem der „Fiskalgeltung der Grundrechte" bezieht, sowie *Ossenbühl*, DÖV 1971, 513, während *Siebert* (Fschr. f. Niedermeyer, S. 223) die Abgrenzung bei Leistungsverhältnissen als „beinahe hoffnungslos schwierig" bezeichnet.

[17] BVerwG, NJW 1969, 809.

[18] Formulierung bei *Renck*, JuS 1971, 77, der die Entscheidung zum Anlaß nimmt, eine breitere Anwendung des sVV zu fordern.

[19] *Siebert*, Fschr. f. Niedermeyer, S. 223 f.

13. Zielsetzung der Arbeit

waltungsvertrag und Verwaltungsakt durch eine sinnvolle Abgrenzung geklärt wird[20].

Es soll gezeigt werden, daß trotz — oder vielleicht: wegen — einer gewissen Annäherung von sVV und Verwaltungsakt jedes der beiden Rechtsinstitute seine eigene Funktion hat, und daß gerade das überschaubare Nebeneinander beider im Sinne der Effizienz des Verwaltungshandelns, und das heißt auch im Sinne des Bürgers, notwendig ist.

---

[20] Als ungelöst muß dieses Verhältnis bezeichnet werden, weil erstens über die Frage der Zulässigkeitsgrenzen des Vertrages die Meinungen noch weit auseinandergehen (vgl. etwa die Übersicht bei *Stern*, VerwArch. Bd. 49, 109 ff. sowie unten 4.) und weil zweitens die rechtlichen Wirkungen des Vertrags in Abgrenzung zu denen des Verwaltungsakts nicht hinreichend geklärt sind (z. B. hinsichtlich Bestandskraft, gerichtlicher Überprüfbarkeit, Vollstreckbarkeit usw.). Vgl. dazu unten 6.

2. Abgrenzungen

21. Abgrenzung von sVV und privatrechtlichem Vertrag

211. Vorbemerkung

Folgt man der aus dem römischen Recht stammenden und für unser heutiges Rechtssystem grundlegenden Einteilung in öffentliches Recht und Privatrecht[1], so erweist sich der verwaltungsrechtliche Vertrag als diejenige Handlungsform des öffentlichen Rechts, die wegen ihrer Nachbarschaft zum privatrechtlichen Vertrag am deutlichsten die Problematik einer Abgrenzung zwischen privatem und öffentlichem Recht bloßlegt. Die Hoffnung, mit Hilfe einer breiteren Erfassung des sVV zu mehr Praktikabilität, Überschaubarkeit und dogmatischer Klarheit im Verwaltungsrecht zu gelangen, ist nur begründet, wenn es gelingt, der verschwommenen Abgrenzungslinie zwischen öffentlichem und privatem Recht im Bereich des Vertrages mehr Konturenschärfe zu verleihen[2].

212. Das Rechtsverhältnis als möglicher Gegenstand der Abgrenzung

Bei der Abgrenzung von sVV und p.r.Vertrag geht es um die Abgrenzung von Rechtsverhältnissen. Das Rechtsverhältnis kann Gegenstand der Abgrenzung zwischen öffentlichem und privatem Recht sein[3]. Das Rechtsverhältnis ist „ein die daraus entstehenden Ansprüche erzeugendes, mit diesen also weder ganz noch teilweise identisches Ursprungsverhältnis, das von allen anderen Rechtsbeziehungen klar abzugren-

---

[1] Diese Einteilung wird wegen der heute noch nicht befriedigend gelösten Abgrenzungsproblematik neuerdings stärker in Frage gestellt: Vgl. etwa *Bullinger*, Öffentliches Recht und Privatrecht, insbes. S. 81 ff.; *ders.*, Ged. Schr. f. Peters S. 684 m. w. N. in Fn. 56; aber auch schon *Kelsen*, Staatslehre, S. 80 ff. u. insbes. S. 91; *ders.*, Hauptprobleme, S. 629 ff. u. S. 655.

[2] Wenn *Grimmer*, BB 1973, 1591 eine Abgrenzung für „sinnlos" hält, da die Verwaltung bei *jedem* Vertragsschluß an ihre verfassungsrechtl. Handlungsprinzipien gebunden sei, so übersieht er u. a. daß wir für ö.r. und für p.r. Streitigkeiten verschiedene Rechtswege haben!

[3] *E. Wolf*, Fschr. f. Molitor, S. 15. Die Auffassung *Molitors* (Über öffentliches Recht und Privatrecht, 1949, S. 48), Rechtsverhältnisse müßten nicht einheitlich entweder dem öffentlichen Recht oder dem Privatrecht zugeordnet werden, führt E. Wolf, S. 9 ff. überzeugend auf die von Molitor vertretene — der h. M. aber nicht entsprechende — Definition des Rechtsverhältnisses zurück. — Für „reinliche Scheidung" privatrechtlichen und öffentlich-rechtlichen Handelns auch *Baur*, NJW 1964, 1214.

zen ist"[4]. Maßgeblich bestimmt wird sonach das Rechtsverhältnis einerseits durch einen Lebenssachverhalt, andererseits durch Rechtsnormen, die auf diesen Lebenssachverhalt Anwendung finden.

213. Abgrenzung nach dem Gegenstand der Regelung

Kann aber das Rechtsverhältnis selbst und unmittelbar überhaupt in das private oder öffentliche Recht eingeordnet werden? Welche Kriterien können dabei behilflich sein?

Nach der Rechtsprechung und der überwiegenden Meinung in der Literatur kommt es allein auf den Gegenstand der vertraglichen Regelung an[5], wobei entscheidend ist, „ob sich die Vereinbarung auf von der gesetzlichen Ordnung öffentlich-rechtlich oder privatrechtlich geregelte Sachverhalte bezieht"[6].

Werden also Verträge auf durchnormierten Rechtsgebieten abgeschlossen, so ist demnach für die Frage der Zuordnung des Vertrages zum privaten oder zum öffentlichen Recht ein Rückgriff auf die Normen möglich, die das Rechtsgebiet allgemein regeln. Bei den meisten Rechtsnormen kann heute die Charakterisierung als öffentlich-rechtlich oder privatrechtlich als unzweifelhaft vorausgesetzt werden. Ist aber die Zuordnung einer Norm zweifelhaft, so muß sie mit Hilfe der drei Abgrenzungstheorien gewonnen werden[7], wobei sinnvollerweise Subjektions-, Subjekts- und Interessentheorie kumulativ anzuwenden sind[8].

---

[4] E. Wolf, S. 10.
[5] Vgl. etwa BVerwGE 22, 138 (140); 25, 299 (301); BVerwG, DÖV 1973, 709; BGHZ 32, 214 (216); 56, 365 (368); BGH, DVBl. 1971, 396. Aus der Lit. siehe z. B. Forsthoff, LB I. S. 280 m. w. N. der Rspr. in Fn. 3; Wolff I, S. 308.
[6] So BGHZ 32, 214 (216). Wolff I, S. 308, grenzt danach ab, ob die vertragliche Regelung, als Rechtssatz gedacht, Sonderrechtssatz wäre.
[7] 1. Subjektionstheorie (h. M.), vgl. etwa: Bachof, AöR Bd. 83, 228 und (kritisch) VVdStRL 12, 65; Eyermann/Fröhler, § 40 Rdn. 3; Forsthoff, LB I, S. 113 ff.; Fleiner, Institutionen, S. 47; Giacometti, S. 96; Wannagat, NJW 1961, 1193; BGH in ständ. Rspr., z. B. BGHZ 14, 227; 35, 177. Modifizierte Subjektionstheorie: Zuleeg, S. 47 ff., insbes. S. 51.
Es sei hier angemerkt, daß die Subjektionstheorie bei der Frage nach der Rechtsnatur von Verträgen zwar bei abstrakten Koordinationsverhältnissen versagt, aber nicht bei abstrakten Subordinationsverhältnissen, bei denen ja erst im konkreten Einzelfall durch Vertrag eine Koordinierung erfolgt. Bei der Abgrenzung des sVV vom p.r. Vertrag ist deshalb die Subjektionstheorie durchaus anwendbar.
2. Subjekts-(Zuordnungs-, Sonderrechts-)theorie von Wolff: grundlegend AöR Bd. 76, 205 ff., sowie Wolff I, S. 99.
3. Interessentheorie, vgl. etwa: Apelt, S. 129; Jaschkowitz, AöR 17 (1929), 323; Bachof, Rspr. II, (Nr. 322) S. 308 f.; Menger, VerwArch. Bd. 53, 394 m. w. N.; Rupp, JuS 1961, 60. BVerwGE 13, 47 und 15, 296 (299 f.); Schiedsgerichtsurteil, DÖV 1973, 852.
Zu weiteren Abgrenzungstheorien, die sich jedoch nicht durchsetzen konnten, vgl. die Übersicht bei Wolff I, S. 97 ff.

2. Abgrenzungen

214. Unzulänglichkeit der bisherigen Abgrenzung

2141. Versagen bei fehlender Normierung

Die Abgrenzung danach, „ob sich die Vereinbarung auf von der gesetzlichen Ordnung öffentlich-rechtlich oder privatrechtlich geregelte Sachverhalte bezieht"[9], muß überall dort versagen, wo Sachverhalte gesetzlich (noch) gar nicht geregelt sind, wo also eine Norm als Anknüpfungspunkt nicht vorhanden ist. Da nun aber einerseits der gesamte Bereich der Leistungsverwaltung wegen der historisch bedingten Beschränkung des Gesetzesvorbehalts auf Eingriffe in Freiheit und Eigentum nur sehr lückenhaft durchnormiert ist, andererseits aber gerade der Bereich der Leistungsverwaltung das wichtigste Anwendungsfeld des Vertrages darstellt, muß hier die an normative Regelungen anknüpfende Abgrenzung der Rechtsprechung weitgehend ins Leere stoßen.

2142. Versagen jeder Abgrenzung wegen der „Wahlfreiheit" der Verwaltung

Ferner wird jeglicher Abgrenzung zwischen privatrechtlichem Vertrag und sVV dadurch der Boden entzogen, daß man allgemein darauf beharrt, daß die Verwaltung bei Erfüllung zahlreicher öffentlicher Aufgaben zwischen privatrechtlichen und öffentlich-rechtlichen Rechtsformen wählen könne[10]. Hat man nun mit viel Mühe herausgefunden, daß eine bestimmte vertragliche Regelung dem Gegenstand nach dem öffentlichen Recht angehören müßte, — z. B. ein Baudispensvertrag — so steht man vor der mit folgerichtigem Denken nicht mehr zu über-

---

[8] Dafür haben sich u. a. ausgesprochen: *Haueisen*, DVBl., 1961, 833; *Thomas/Putzo* (nur bzgl. Subjektions- u. Interessenth.), § 136 GVG, Anm. 4; *Siebert*, Fschr. f. Niedermeyer, S. 217 sowie DÖV 1959, 734; *Soergel/Reimer-Schmidt*, Einl. Bem. 88 ff.; BVerwGE 13, 47 (48 ff.); vgl. auch *Bachof*, Rspr. II (Nr. 320 f.), S. 306 ff.

[9] BGHZ 32, 214 (216).

[10] Ganz h. M., vgl. etwa: *Forsthoff*, LB I, S. 410, 476 f.; ders., Rechtsfragen, S. 9 f.; *Roser*, S. 27 f.; *Huber*, WVerwR I, S. 51; *Klein*, S. 23 ff.; *Zuleeg*, S. 39; vgl. auch *Reuss*, S. 264 f.; bes. weitgehend *Siebert*, Fschr. f. Niedermeyer, S. 223 f.: Daß der Inhalt des Rechtsverhältnisses weitgehend und sogar mit zwingender Wirkung festgelegt sei, schließe die p.r. Natur nicht aus. Enger *Bachof*, Rspr. II (Nr. 322), S. 309: Es sei ein anerkannter Satz, „daß öffentliche Aufgaben und Interessen auch mit den Mitteln des Privatrechts wahrgenommen werden können". — Wie hier aber *Rüfner*, JZ 1973, 421: Ein Wahlrecht der Parteien zwischen Zivil- u. Verw.Rechtsweg widerspreche allen theoretischen Aussagen über die zwingende Natur der Abgrenzung von öffentl. u. privatem Recht.

Ferner aus der Rspr.: BVerfG, DÖV 1961, 504 (505 u. Leits. 7 a); BGHZ 29, 76 (80); 36, 91 (96); 37, 1 (27); vgl. auch 52, 325 (328). Ausdrücklich das U. v. 8. 5. 1961 (III ZR 58/60), S. 16, zitiert nach BGHZ 56, 365 (369 f.). Siehe aber auch Fn. 13.

windenden Barriere dieses Wahlrechts. Bezeichnend dafür ist die bisherige Rechtsprechung des BGH: Es „können die Voraussetzungen für die Erteilung eines Baudispenses dadurch geschaffen werden, daß der Baubewerber sich durch einen privatrechtlichen Vertrag gegenüber der Gemeinde z. B. zu Geldleistungen verpflichtet"[11], weil „die Gemeinde bestimmen kann, ob sie im öffentlich-rechtlichen oder im privatrechtlichen Bereich handeln will"[12]. So wird also ein dem Gegenstand nach eindeutig öffentlich-rechtlicher Vertrag durch die Bestimmung der Gemeinde zum privatrechtlichen Vertrag, denn die Gemeinde soll die Rechtsmacht haben, „den Privatrechtsweg zu wählen"[13].

Es liegt auf der Hand, daß eine klare, objektive Abgrenzung der beiden Rechtsgebiete und die grundsätzlich freie Wahl zwischen ihnen sich notwendigerweise ausschließen. Solange man mit der h. M. an der These festhält, bei der Erfüllung zahlreicher hoheitlicher Aufgaben könne die Leistungsverwaltung grundsätzlich sowohl in den Formen des öffentlichen Rechts als auch in den Formen des Privatrechts erscheinen, entscheiden faktisch die Verwaltungsbehörden über die Trennungslinie zwischen beiden Rechtsgebieten, und alle Versuche, die vorgefundenen Verträge dem einen oder anderen Rechtsgebiet auf Grund einer juristisch nachprüfbaren Entscheidung zuzuordnen, sind ehrenwert, doch sinnlos[14]. Daß bei solch offenbarer Unmöglichkeit der Abgrenzung das

---

[11] BGHZ 56, 365 (369) mit Verweis auf zahlreiche frühere Entscheidungen; ähnlich Bay. ObLGE 1973, 173.

[12] BGH, NJW 1961, 73 (74).

[13] U. v. 8. 5. 1961 — III ZR 58/60 — S. 16, zitiert nach BGHZ 56, 365 (370). In BGHZ 56, 365 (372) zeichnet sich eine Abkehr von diesem „Wahlrecht" ab, welche im Urteil des III. Senats vom 31. 1. 1972, DÖV 1972, 719, noch deutlicher wird: Der BGH kommt bereits der hier vertretenen Abgrenzung sehr nahe, wenn er darauf abstellt, daß „das eigentliche Ziel der getroffenen Regelung auf öffentlich-rechtlichem Gebiet liegt" (S. 720) und daß es sich um ein „öffentl.-rechtl. Aufgabengebiet" (S. 720) handelt. — In krassem Widerspruch zu dieser Entscheidung steht jedoch das U. d. V. Zivilsenats vom 12. 5. 1972, das an der früheren Auffassung festhält und bei einem Vertrag, bei welchem es um die Ausnahmegenehmigung von einem Bebauungsplan geht, den Zivilrechtsweg ohne Erörterung für gegeben hält! (BGH DÖV 1972, 718). Überzeugend die Kritik von *Menger*, VerwArch. Bd. 64 S. 204 f. Richtig jetzt auch das U. d. V. Zivilsenats vom 29. 9. 1972, JZ 1973, 420, in welchem auf die Verknüpfung der Leistung mit den ö.r. Verpflichtungen und Berechtigungen des Leistenden abgestellt wird, m. zust. Anm. v. *Rüfner*, sowie BVerwG, DÖV 1973, 709. Stellt man allerdings auf diese Verknüpfung ab, so muß es fraglich erscheinen, ob Verträge p.r. sind, die zur Vermeidung eines Enteignungsverfahrens (Bay. ObLG, Bay. VBl. 1973, 498 ff.; ebenso *Rüfner*, JZ 1973, 422) oder zur Beilegung eines bergrechtlichen Zwangsabtretungsverfahrens (BGH, Zeitschr. f. Bergrecht 1973, 402) außerhalb dieses Verfahrens geschlossen werden.

[14] Vgl. statt vieler das seltsame Ergebnis bei *Roser*:
(1) Ein ö.r. Vertrag liegt vor, wenn „der Gegenstand der Willenserklärung und der Inhalt des entstehenden Rechtsverhältnisses sich auf eine Aufgabe der öff. Verwaltung beziehen, die nur im Rahmen des öffentlichen Rechts erfüllt werden kann". (S. 31.)

Verwaltungsprivatrecht „den Eindruck einer heillosen Verwirrung"[15] vermittelt, nimmt nicht wunder.

Es ergibt sich daher unausweichlich die Konsequenz, daß man entweder auf die Möglichkeit einer klaren Grenzlinie zwischen öffentlichem Recht und Privatrecht verzichten muß — oder aber auf die Wahlfreiheit der Verwaltung bzgl. dieser Rechtsgebiete.

215. Verzicht auf die „Wahlfreiheit"

2151. Historische Bedingtheit ohne dogmatische Begründung

Das behauptete Recht der Verwaltung, zwischen den Rechtsformen des öffentlichen und denen des Privatrechts zu wählen, ist nur historisch erklärbar. „Die Auffassung, daß alle vermögensrechtlichen Beziehungen des Staates dem Privatrecht zugehörten (sog. Fiskustheorie) versah Teile der nach neuerem Verständnis hoheitlichen Verwaltung mit einem privatwirtschaftlichen Akzent[16]." So ergab sich die Wahlfreiheit der Verwaltung als ein Kompromiß zwischen Tradition und besserer Einsicht: Bei zahlreichen Aufgaben öffentlicher Verwaltung hielt man an den traditionell privatrechtlichen Formen fest, aber bei der Erfüllung eben dieser Aufgaben mochte man öffentlich-rechtliche Handlungsformen nicht länger ausschließen — um so mehr, nachdem man erkannt hatte, daß die Verwaltung ohnehin immer dann öffentlich-rechtlichen Bindungen unterworfen sein muß, wenn sie öffentliche Aufgaben erfüllt[17]. Anstatt sich mit dem Hinweis auf die historische Bedingtheit bei privatrechtlicher Erfüllung bestimmter hoheitlicher Aufgaben zu begnügen, suchte und fand man eine (Schein-)Begründung in der angeblichen Wahlfreiheit der Leistungsverwaltung.

Dogmatisch konnte diese Wahlfreiheit der Leistungsverwaltung bisher freilich nicht begründet werden — und das wird kaum je gelingen!

---

(2) Die Leistungsverwaltung soll aber „grundsätzlich in den Formen sowohl des öffentlichen als auch des privaten Rechts erscheinen" können. (S. 27.)
Wollte man (1) und (2) für richtig halten, so käme man zu dem verblüffenden Ergebnis, daß ausgerechnet in der Leistungsverwaltung ö.r. Verträge nicht möglich sind! Denn in der Leistungsverwaltung soll es ja nach (2) keine Aufgaben geben, die *nur* (!) im Rahmen des öffentlichen Rechts erfüllt werden können.

[15] So *Emmerich*, JuS 1970, 332 (333), bezüglich der „Fiskalgeltung der Grundrechte". *Siebert*, Fschr. f. Niedermeyer, S. 216, spricht von einer „schwer überschaubaren Gemengelage" des öffentl. und des Privatrechts und nennt die Abgrenzung bei Leistungsverhältnissen eine „beinahe hoffnungslos schwierige Frage" (S. 223). Vgl. auch *Krüger*, Staatslehre, S. 328: „Erst durch den Spruch des Gerichts erfahren Amt und Bürger, ob hoheitlich oder fiskalisch gehandelt wurde."
[16] *Bullinger*, Vertrag, S. 231.
[17] BGHZ 52, 325 (328) m. w. N.

Die Trennung von öffentlicher Aufgabe und Mitteln ihrer unmittelbaren Durchführung ist künstlich und in keiner Weise überzeugend: „Öffentlich" sind die Aufgaben, für deren Erfüllung den Staat eine Garantiepflicht trifft, weil die Allgemeinheit ein besonderes Interesse an ihnen hat. Wegen der besonderen Bedeutung für die Allgemeinheit sind also die Aufgaben „öffentlich", und aus demselben Grund kann der Staat nicht darauf verzichten, der Verwaltung Maßstäbe für die Durchführung zu setzen, die Verwaltung bei solcher Aufgabenerfüllung den öffentlichrechtlichen Bindungen zu unterwerfen. Der zwingende Zusammenhang von Aufgabe und Mitteln der unmittelbaren[18] Erfüllung liegt so offen zutage, daß er denn auch von der h. M. gar nicht geleugnet wird: Bei unmittelbarer Erfüllung öffentlicher Aufgaben mit privatrechtlichen Mitteln werde das Privatrecht durch die spezifischen Bindungen des öffentlichen Rechts modifiziert, so daß ein „Verwaltungsprivatrecht" entstehe[19].

*2152. Reduzierung der Wahlfreiheit
bezüglich der Rechtsgebiete auf ein reines Formenwahlrecht*

Hält man sich klar vor Augen, daß die Verwaltung auch nach der h. M. bei unmittelbarer Erfüllung öffentlicher Aufgaben *stets* den öffentlich-rechtlichen Bindungen unterworfen bleibt, so wird nun deutlich, daß das Scheinproblem, ob die Verwaltung dabei öffentlich-rechtlich oder privatrechtlich handelt, längst zugunsten des öffentlichen Rechts gelöst ist, und daß es in Wahrheit gar nicht mehr um das Rechts*gebiet*, sondern um die Rechts*form* geht: Muß die Verwaltung einseitig verbindlich durch Verwaltungsakt handeln — oder darf sie die Rechts*form* des Vertrages wählen? Denn was könnte einen Vertrag, den die Verwaltung zur Erfüllung öffentlicher Aufgaben unter den anerkannten Bindungen des *öffentlichen* Rechts schließt, noch als privatrechtlich kennzeichnen? Das Privatrecht ist vom öffentlichen Recht überlagert, nur die Hülle, die Form des Vertrages, bleibt.

In der Tat bestand — und besteht — in der Leistungsverwaltung ein praktisches Bedürfnis für den Vertrag als Handlungsform öffentlicher Verwaltung. Da aber der verwaltungsrechtliche Vertrag zu wenig bekannt war und in seiner Zulässigkeit und rechtssystematischen Aus-

---

[18] Die Notwendigkeit und Eignung des Privatrechts wird dort keineswegs in Frage gestellt, wo die Verw. Rechtsgeschäfte tätigt, die nur mittelbar der Erfüllung öff. Aufgaben dienen. (Typisches Beispiel: Bedarfsdeckung.)

[19] *Wolff*, VwR I, S. 107; ebenso z. B. *Forsthoff*, Rechtsfragen S. 56; vgl. auch *Bachof*, VVdStRL 12, 61 u. 55 Fn. 37; *Siebert*, Fschr. f. Niedermeyer, S. 222.

Die allgemeine Überzeugung von der Notwendigkeit ö.r. Bindungen ergibt sich auch aus folgenden Schlagworten: „Formenmißbrauch", „Flucht ins Privatrecht", „Entfesselung der Verwaltungsmacht", „Flucht aus der Hoheitsgewalt". (Zusammenstellung bei *Ossenbühl*, DÖV 1971, 519 mit Lit. Nachweisen.)

formung zu zweifelhaft erschien, andererseits im Privatrecht die Vertragsform gestattet und gesichert war, ordnete man das vertragliche Handeln grundsätzlich dem Zivilrecht zu und begnügte sich mit dem Aufpfropfen „öffentlich-rechtlicher Bindungen".

Heute aber ist die Entwicklung des Verwaltungsvertrages bereits soweit fortgeschritten[20], daß er nun weitgehend an die Stelle des „Verwaltungsprivatrechts" treten kann[21], welches in den Tendenz zur umfassenden Unterwerfung der Verwaltung unter die öffentlich-rechtlichen Bindungen auf halbem Wege stehen blieb und sich letztlich als unbefriedigende Hilfskonstruktion erwies[22].

Während also der Verwaltung die Möglichkeit bleibt, zwischen den öffentlich-rechtlichen Rechtsformen bei der Erfüllung öffentlicher Aufgaben zu wählen, muß ein Wahlrecht zwischen Privatrecht und öffentlichem Recht abgelehnt werden. Denn die Unterscheidung zwischen diesen beiden Rechtsgebieten ist eine rechtssystematische des objektiven Rechts[23]. Nur der Gesetzgeber könnte bestimmen, ob eine Norm öffentlich-rechtlich oder privatrechtlich ist, aber niemals kann die Grenze zwischen öffentlichem Recht und Privatrecht zur Disposition der Verwaltungsbehörden gestellt werden[24].

Eben dies muß sich aber die h. M. vorwerfen lassen, denn sie trennt nicht genügend scharf zwischen dem durchaus notwendigen und sinnvollen Recht der Verwaltung, zur Erfüllung öffentlicher Aufgaben zwischen tatsächlich verschiedenen Mitteln zu wählen und dem auf keine Weise zu begründenden Recht, die rechtliche Qualifikation ein und desselben Mittels zu wählen. Während die freie Wahl der Mittel geradezu die Grundlage für die Flexibilität und Effizienz des Verwaltungshandelns ist, — wie wünschenswert ist die Vermeidung von Enteignungsverfahren durch langfristig vorausschauende Grundstückskäufe[25] der

---

[20] Vgl. z. B. § 121 - § 129 LVwG Schl.-H.; § 50 - 58 RegEVwVerfG. Allerdings sind die Regelungen noch verbesserungsbedürftig.

[21] Nach wie vor ungelöst ist allerdings die Frage, ob ö.r. Bindungen der Verw. auch bei typischen fiskalischen Hilfsgeschäften bestehen. Dafür — zumindest bzgl. des Gleichheitssatzes — *Bachof*, VVdStRL 12, 61 und 55 Fn. 37 mit einleuchtendem Beispiel.

[22] Dem dogmatischen Elend des Verwaltungsprivatrechts entspricht seine begriffliche Verwirrung: Werden in p.r. Formen unmittelbar ö.r. Verwaltungszwecke verfolgt, „so ist das zwar formell, nicht aber mehr inhaltlich ‚fikalische Tätigkeit' ". (*Wolff*, VwR I, S. 107).

[23] *Wolff*, AöR Bd. 76, 207; ebenso *Bachof*, AöR Bd. 83, 228.

[24] Eine gewisse Einschränkung erfährt nun dieses „Wahlrecht" nach der Rspr. des III. Zivilsenats seit BGHZ 56, 365 (372), vgl. hierzu Fn. 13. Der Gewinn an Klarheit ist jedoch gering, da der III. Senat offenbar daran festhalten will, daß eine Vertragspartei eine ö.r. Verpflichtung *zusätzlich* als p.r. Pflicht übernehmen kann! (BGHZ 56, 368.)

[25] Dieser Beschaffungsvorgang ist nicht hoheitlich normiert, dient nur mittelbar der Erfüllung einer öffentlichen Aufgabe und ist daher p.r.

Verwaltungsträger —, wird durch das der Verwaltung mehr oder weniger offen zugestandene Recht, ein nach objektiven Kriterien ö.r. Mittel aus eigener Machtvollkommenheit dem Privatrecht zuzuordnen, die Rechtssicherheit schwer beeinträchtigt.

Daß tatsächlich die rechtliche Qualifikation des Mittels zur Disposition der Verwaltungsbehörden gestellt wird, ergibt sich am deutlichsten aus der BGH Rspr. zu den Baudispensverträgen: In der Entscheidung vom 27. 10. 1960[26] ging es, wie der BGH selbst ausdrücklich feststellt, um einen Vertrag, durch welchen die Voraussetzungen für einen Dispens gem. § 12 Pr. FluchtlG geschaffen wurden. Nach dem Versuch, irgendetwas für die p.r. Natur des Vertrages aus der Tatsache herzuleiten, daß der Dispens ein Akt des freien Ermessens sei, auf den der Bewerber keinen Anspruch habe, führt der BGH aus[27]: „Jedenfalls handelt es sich hier um ein Verwaltungsgebiet, in dem — auch nach heutiger Auffassung — ein Handeln der Gemeinde im Privatrechtsbereich möglich ist und die Gemeinde bestimmen kann, ob sie im o.r. oder p.r. Bereich handeln will". Konsequent stellt der BGH unmittelbar im Anschluß daran sogar ausdrücklich darauf ab, daß „beim Abschluß des Vertrages beide Vertragsteile davon ausgingen, ein Privatrechtsgeschäft zu schließen" und verweist schließlich noch auf § 9 II der „gültigen Ortssatzung", in welcher der Verwaltungsträger Baudispensverträge als privatrechtliche Vereinbarungen vorgesehen habe. — Der Baudispensvertrag ist also deshalb p.r., weil die Gemeinde und ihr Vertragspartner dies so bestimmt haben!

Auch im Urteil des BGH vom 27. 3. 1961[28] bleibt unklar, was den Garagendispensvertrag denn nun objektiv als privatrechtlich kennzeichnen soll. Auch hier bleibt der BGH den Beweis schuldig, daß der Gegenstand des Vertrages privatrechtlich sei und zieht sich unter Bezugnahme auf BGH NJW 1961, 73 auf das Wahlrecht der Verwaltung zurück: Schließe die Gemeinde einen Vertrag, der Bedenken gegen eine Befreiung ausräume, so handele sie nicht auf einem Gebiet, „das notwendig ein obrigkeitliches Handeln erfordert", vielmehr könne sie bestimmen, ob sie im ö.r. oder p.r. Bereich handeln wolle[29].

---

[26] BGH NJW 1961, 73.
[27] BGH NJW 1961, 74.
[28] BGHZ 35, 69.
[29] BGHZ 35, 69 (75); unverändert wird diese Rspr. von BGH DÖV 1972, 718 fortgeführt: Die Abtretung eines Teils des Baugrundstücks zur Erlangung eines Dispenses wird mit Selbstverständlichkeit als p.r. Vertrag behandelt. Ausführungen zum Rechtsweg sind nicht veröffentlicht. Auch hier ist also der BGH die Erklärung schuldig geblieben, inwiefern der Gegenstand der Regelung bei einem Baudispensvertrag p.r. Natur sein könne. — Die Fragwürdigkeit dieser Entscheidung ergibt sich auch aus folgendem Gesichtspunkt: Zieht man zur Abgrenzung die Erwägung heran, daß sich ein p.r. Vertrag auch näher als solcher typisieren lassen müsse (so jetzt BGHZ

Schließlich kommt auch in der durch das Urteil vom 12. 7. 1971 ausdrücklich aufrecht erhaltenen Behauptung[30] eine ö.r. Pflicht könne *zusätzlich* als p.r. Pflicht übernommen werden, unmißverständlich zum Ausdruck, daß der BGH eine objektive Abgrenzung umgeht und den Parteiwillen über die Grenzlinie zwischen öffentlichem Recht und Privatrecht entscheiden läßt — selbst auf die Gefahr hin, die Logik zu vernachlässigen: Wie kann eine ö.r. Pflicht „zusätzlich" p.r. also nicht ö.r. Pflicht sein?

216. Abgrenzung nach dem Gegenstand der Regelung und der Art der zu erfüllenden Aufgaben

Trennt man mit aller Schärfe die zulässige Wahl zwischen verschiedenen Mitteln von der rechtlichen Qualifikation ein und desselben Mittels, so wird nun erst eine objektive Abgrenzung des privatrechtlichen Vertrages vom sVV durchführbar: Sind Normen als Anknüpfungspunkt vorhanden, so läßt sich der Gegenstand der Regelung und damit die Natur des Rechtsverhältnisses ohne Schwierigkeiten ermitteln. Ist aber eine Anknüpfung an Rechtsnormen nicht möglich, so muß auf das allgemeine Kriterium der Art der Aufgabenerfüllung zurückgegriffen werden: Verträge, die *zur unmittelbaren Erfüllung öffentlicher Aufgaben* geschlossen werden, sind öffentlich-rechtlich[30a]. Die unmittelbare Erfüllung öffentlicher Aufgaben drängt sich als Abgrenzungsmerkmal geradezu auf, ja, es scheint kaum möglich, ein anderes zu finden: Selbst wer der Verwaltung bei Erfüllung öffentlicher Aufgaben die Wahl zwischen ö.r. und p.r. Rechtsform zugestehen will, kommt bei der Abgrenzung zwischen öffentlicher und fiskalischer Verwaltung (und das heißt: zwischen Verwaltungsprivatrecht und reinem Privatrecht) wieder auf

---

57, 130 (133) und BGH DÖV 1972, 719 (720), so zeigt sich, daß hier allenfalls Schenkung in Frage käme — aber daß dieser Vertragstyp nicht paßt ist offensichtlich: Wegen der sachwidrigen Koppelung von Leistung und Gegenleistung soll ja der Vertrag nichtig sein.

Zwar wird etwa von Larenz auf die Möglichkeit hingewiesen, daß p.r. Verträge weder einem gesetzlichen Typus zugeordnet werden können (*Larenz*, Schuldrecht II, S. 4), noch unter die typengemischten Verträge fallen (S. 327 ff.), so daß wie z. B. beim Energielieferungsvertrag wohl die Vorschriften über gegenseitige Verträge, aber nicht die Vorschriften eines bestimmten Vertragstypus gelten und die Lücke durch „ergänzende Vertragsauslegung" zu füllen ist. Dennoch erscheint mir die Heranziehung einer mangelnden p.r. Typisierbarkeit durch den BGH bei der Abgrenzung sinnvoll: Die mangelnde Typisierbarkeit beruht ja bei den Abgrenzungsfällen gerade auf den ö.r. Besonderheiten, und es besteht wenig Anlaß dertrage Verträge dem Privatrecht zuzuordnen — zumal dieses nicht mehr ein gefestigtes Normensystem sondern nur noch „ergänzende Vertragsauslegung" bieten kann.

[30] BGHZ 56, 365 (368) u. schon BGHZ 32, 214 (216).

[30a] Auch von der neueren Rspr. wird gelegentlich der mit einer Vereinbarung verfolgte Zweck zur Abgrenzung mit herangezogen. Vgl. etwa BVerwGE 30, 65 (67); BGH, DÖV 1972, 314 (315); BGH, NJW 1972, 211 (212).

21. Abgrenzung von sVV und privatrechtlichem Vertrag

das Merkmal der unmittelbaren Erfüllung öffentlicher Aufgaben zurück[31].

Unmittelbarkeit ist beim Handeln in der Vertragsform jedenfalls dann zu bejahen, wenn gerade gegenüber dem Vertragspartner öffentliche Aufgaben erfüllt werden (z. B. Vergabe besonders günstiger Kredite an unwettergeschädigte Landwirte) aber auch bereits dann, wenn die Verwaltung durch eine bestimmte Leistung eine Person gezielt begünstigen wollte[32] (z. B. Stillegungsprämien).

Bei der Beurteilung der Frage, welche Verwaltungsaufgaben öffentlich sind, ist davon auszugehen, daß die Verwaltung für bestimmte Leistungen eine Garantiepflicht trifft[33]. Eine solche Garantiepflicht besteht für vertragliche Leistungen dort, wo eine Leistung von besonderer Bedeutung für die Allgemeinheit ist, *und* diese Leistung von Privaten nicht oder nur unvollkommen angeboten wird[34], wo also eine „angemessene Bedürfnisbefriedigung durch die Gesellschaft selbst nicht erfolgt"[35].

Im Ergebnis ist also festzuhalten, daß es dringend erforderlich ist, öffentliche Aufgaben und öffentliches Recht zur Deckung zu bringen. Der Begriff der öffentlichen Aufgabe ist zwar problematisch und noch nicht abschließend geklärt, doch ist er auch bisher schon unverzichtbar bei der Frage nach den öffentlich-rechtlichen Bindungen der privatrechtlich handelnden Verwaltung. — Die Ausdehnung des Begriffs auf jegliche Tätigkeit staatlicher Daseinsvorsorge muß abgelehnt werden[36].

---

[31] So z. B. *Roser*, S. 27. Vgl. auch BGHZ 29, 76. Nach dem Zweck primärer und sekundärer Erfüllung öff. Aufgaben differenziert schon *Ipsen*, Subv., S. 20. Ferner *Siebert*, DÖV 1959, 735 und wohl auch BVerwG DVBl. 1961, 208. — Besondere Bedeutung erhält das Merkmal der öffentlichen Aufgabe bei *Renck*, JuS 1971, 82 f.: Die Verw. schließe zur Erfüllung ihrer öff. Aufgaben grundsätzlich verw. rechtl. Verträge. Die Einschränkung (S. 83) „es sei denn sie erklärt zulässigerweise und eindeutig, daß sie privatrechtl. abschließen wolle", zeigt zwar, wie schwer es ist, sich von der allenthalben behaupteten Wahlfreiheit der Verwaltung ganz zu lösen, wiegt aber letzten Endes wenig, denn „richtig gesehen handelt die Verwaltung bei ihrer Aufgabenerfüllung grundsätzlich öffentlich-rechtlich" (S. 82) — und wann sollte dann die Erklärung, p.r. abschließen zu wollen, zulässig sein?
Gegen die Brauchbarkeit des Begriffs „öffentliche Aufgabe" *Emmerich*, JuS 70, 335, Fn. 27. — *Forsthoff*, Rechtsfragen, S. 56, bezeichnet die hier vorgeschlagene Gleichsetzung von öff. Aufgabe und öff. Recht als „geradezu absurd" — allerdings versteht er unter öff. Aufgabe auch die gesamte Daseinsvorsorge im weitesten Sinne.

[32] *Ossenbühl*, DÖV 1971, 521.

[33] *Klein*, S. 17 ff.; ebenso *Ossenbühl*, DÖV 1971, 516 ff.

[34] *Püttner*, S. 36; *Bachof*, VVDStRL 29, 252, der auf die Erforderlichkeit im öff. Interesse abstellt.

[35] *Klein*, S. 18.

[36] Falls man den Begriff der Daseinsvorsorge nicht im Sinne *Ossenbühls* beschränkt — vgl. hierzu Fn. 1.

22. Abgrenzung von sVV und Verwaltungsakt (VA)

221. Bisherige Abgrenzungsversuche

Während sich der VA grundsätzlich als hoheitliche einseitig verbindliche Regelung darstellt[39], beruht der Vertrag auf der Willensübereinstimmung der Partner. Es gibt jedoch auch VAe, bei denen der verlautbarte Rechtsfolgewille (i. d. Regel: Antrag) des Bürgers Wirksamkeitsvoraussetzung ist[40]. Die Abgrenzung dieser „mitwirkungsbedürftigen Verwaltungsakte" (Forsthoff)[41], auch VAe auf Unterwerfung (O. Mayer)[42] oder zweiseitige VAe (W. Jellinek)[43] genannt, vom sVV bereitet große Schwierigkeiten.

Nach einer überzeugenden Lösung des Abgrenzungsproblems wird man in der Literatur vergeblich suchen. Gygi etwa macht die Not zur Tugend und behauptet, „daß es keine reine Teilung Verwaltungsakt einerseits und Vertrag andererseits gibt, sondern dazwischen liegen noch die Verwaltungsakte mit partiellem Vertragscharakter und die öffentlich-rechtlichen Verträge mit gewissen Komponenten des Verwaltungsaktes"[44], während Forsthoff zwar den mitwirkungsbedürftigen Verwaltungsakt beschreibt, das Problem der Abgrenzung vom sVV jedoch schweigend übergeht[45]. Bullinger, als konsequenter Gegner der Vertragsform, kann sich nach einem Überblick über die verschiedenen Abgrenzungsversuche[46] auf die Feststellung beschränken, daß die Lehre vom öffentlichrechtlichen Vertrage jedenfalls unbefriedigend bleibe, soweit es die Grenzziehung zum VA betreffe[47].

---

[37] Anders *Bachof*, AöR Bd. 83, 229: der historischen Entwicklung gebühre der Vorrang vor den Abgrenzungstheorien.
[38] Die öff. Aufgabe ist als wesentlich engerer Begriff scharf zu trennen von dem „öffentlichen Zweck", dem gemeindliche Eigenbetriebe nach den Gemeinde-Ordnungen dienen sollen. Der „öffentliche Zweck" hat durch eine „praktisch unbeschränkte Ermessensfreiheit bei der Gründung oder Übernahme wirtschaftlicher Unternehmen" (*Emmerich*, Versorgungsunternehmen, S. 47) seine Funktion als Rechtsbegriff weitgehend eingebüßt.
[39] *Forsthoff*, LB I, S. 205: einseitig hoheitl. Akte der Verw.behörden, von denen eine unmittelbare rechtl. Wirkung ausgeht.
[40] Vgl. *Forsthoff*, LB I, S. 214, der aber auch auf Ausnahmen von diesem Grundsatz hinweist.
[41] LB I, S. 211 ff.
[42] AöR Bd. 3, S. 61; sowie VwR I, 1. Aufl., S. 98.
[43] Festgabe f. d. preuß. OVG, S. 84 ff.; VwR, S. 249 ff.
[44] *Gygi*, S. 24.
[45] LB I, S. 211 ff. u. 273 ff.
[46] *Bullinger*, Vertrag, S. 34 ff.
[47] *Bullinger*, Vertrag, S. 36.

22. Abgrenzung von sVV und Verwaltungsakt

Praktisch bedeutungslos wird das Abgrenzungsproblem bei den Vertretern der sog. „normativen Ermächtigungslehre"[48]. Denn wer den sVV nur zulassen will, wo er im Gesetz ausdrücklich vorgesehen ist, wird in der Regel nach weiteren Abgrenzungskriterien nicht suchen müssen. So kann sich Stern darauf beschränken, festzustellen, daß ein den Vertrag zulassendes Gesetz auch eine „echte Mitwirkung des Staatsbürgers" vor sehe[49], und daß mitwirkungsbedürftige VAe „keine gleichwertige Mitwirkung" enthalten[50].

Nach Salzwedel[51] sollen VA und sVV danach unterschieden werden, ob eine Ausnahmesituation vorliege. Nur bei einer Regelung atypischen Inhalts liege ein sVV vor. Wo etwa wegen des Verbots sachwidriger Koppelung eine entsprechende Auflage rechtswidrig wäre, käme nur der Vertrag in Betracht. — Dazu bemerkt aber Bullinger[52] mit Recht, daß dies darauf hinausliefe, „einen gesetzwidrigen Verwaltungsakt um dieser Gesetzwidrigkeit willen zum öffentlich-rechtlichen Vertrage zu machen und damit ein bedenkliches Kriterium für die Unterscheidung der beiden Rechtsformen aufzustellen"[53].

Rüfner, der den sVV weitgehend wie einen VA behandeln will[54], grenzt danach ab, ob die Pflichten des Bürgers nur durch Rechtsnormen (dann VA) oder durch eine Verpflichtungserklärung (dann sVV) bestimmt werden. An gesetzlich nicht festgelegte Pflichten könne der Bürger nur gebunden werden, wenn er sie willentlich übernehme[55]. Abgesehen von der sehr heiklen Frage, ob dem Bürger überhaupt vertragliche Verpflichtungen auferlegt werden können, die einer gesetzlichen Grundlage entbehren[56], liefert Rüfners Ansicht gerade für den entscheidenden Bereich der Ermessensnormen keine Abgrenzungskriterien — oder soll etwa bei einem gesetzlichen Ermessensspielraum grundsätzlich nur eine vertragliche Verpflichtung möglich sein? In diesen Fällen wird doch die Pflicht des Bürgers nicht durch die Norm unmittelbar, sondern durch das behördliche Ermessen bestimmt!

---

[48] So bezeichnet vom OVG Münster, OVGE 16, 12 (13), welches sich jedoch gegen diese Lehre wendet. — Für normative Ermächtigung: *Fleiner*, Institutionen, S. 209 ff., insbes. S. 212. *Stern*, VerwArch. Bd. 49, 106 ff., insbes. S. 145. Mit Vorbehalt auch *Rupp*, DVBl. 1959, 84; *Forsthoff*, DVBl. 1957, 724 ff. — Beispiele aus der Rspr. sind: BVerwGE 4, 111; Bay. VGH, DÖV 1952, 729 (731) (allerdings ohne ausdrückl. Stellungnahme); Hess. VGH, DÖV 1966, 760 (761). — Ablehnend mit überzeugender Begrdg.: *Bachof*, Rspr. I, S. 105, Nr. A 10.
[49] *Stern*, VerwArch. Bd. 49, 146.
[50] *Stern*, VerwArch. Bd. 49, 146 Fn. 181.
[51] *Salzwedel*, S. 49; vgl. auch S. 52.
[52] *Bullinger*, Vertrag, S. 36.
[53] Zu dem von Salzwedel angeführten Beispiel vgl. auch unten 331.
[54] *Rüfner*, S. 338 f.; das soll auch im Verw. Prozeß gelten: S. 342.
[55] *Rüfner*, S. 336.
[56] Dazu unten 4411.

Schließlich ist die Abgrenzung Rüfners auch insoweit unbefriedigend, als sie keinerlei Hinweise darauf liefert, wie zu entscheiden ist, wenn nicht in erster Linie der Bürger, sondern die Behörde verpflichtet wird, was insbesondere bei verlorenen Zuschüssen im Subventionsrecht der Fall ist[57].

Die h. M. geht davon aus, daß im Gegensatz zum mitwirkungsbedürftigen VA ein sVV dann vorliege, wenn eine „Gleichwertigkeit der beiderseitigen Willenserklärungen"[58] gegeben sei und somit nicht vom Standpunkt öffentlicher Gewalt und obrigkeitlicher Überordnung gehandelt werde, sondern eine „Begegnung auf dem Boden der Gleichberechtigung" stattfinde[59]. Die Gleichwertigkeit der Willenserklärungen ist aber ausgeschlossen, wenn der eine Vertragspartner nicht die Möglichkeit besitzt, auf den Inhalt der vertraglichen Regelung Einfluß zu nehmen. Nach der h. M. ist deshalb die Möglichkeit des Bürgers zur inhaltlichen Einflußnahme notwendiges Kriterium des Vertrages[60]. Dieser Meinung hat sich auch die Rechtsprechung angeschlossen[61].

222. Kritik der h. M. — insbesondere bzgl. des Merkmals der „inhaltlichen Einflußnahme"

Soweit die Möglichkeit des Bürgers, auf den Inhalt der vertraglichen Regelung mitbestimmend Einfluß zu nehmen, deshalb ein notwendiges Abgrenzungskriterium sein soll, weil anders ein Vertrag schon begrifflich nicht vorliegen könne[62], muß sich die h. M. vorwerfen lassen, daß sie an den Entwicklungen des Zivilrechts gänzlich vorbeigeht. Von der Vertragsfreiheit, die grundsätzlich Abschluß-, Inhalts- und Formfreiheit umfaßt, ist nämlich heute vielfach nur noch die Abschlußfreiheit übrig geblieben[63], da mit dem 1. Weltkrieg eine Epoche entscheidender Wandlungen der Vertragsfreiheit beginnt[64]. So gibt es heute etwa im

---

[57] Für einen sVV in einem solchen Falle entschied sich OVG Saarland, DÖV 1959, 708 (710).

[58] *Jellinek*, VwR, S. 253.

[59] So bereits *Apelt*, S. 90. Vgl. auch S. 95: Maßgeblich sei, daß „der Wille aus freiem Entschluß ein Rechtsverhältnis gestaltet".

[60] z. B. *Ipsen*, Subv., S. 70 u. S. 91; *Wolff*, VwR III, S. 222; *Stern*, JZ 1960, 560; *Eyermann/Fröhler*, § 42 Rdn. 59; *Zuleeg*, S. 60; *Janknecht*, S. 72, 99, 111; *Kottke*, S. 28; *Schlotke*, S. 47; *Bisek*, S. 15; *Wenzel*, SKV 1974, 57. Vgl. auch *Huber*, DÖV 1956, 356 und *Maunz*, Bay. VBl. 1962, 3, die jedenfalls für den Begriff des p.r. Vertrages die Einwirkungsmöglichkeit beider Partner fordern.

[61] z. B. OVG Saarland, DÖV 1959, 708 (709) unter ausdrücklicher Bezugnahme auf Ipsen; OVG Münster, DÖV 1967, 271; a. A. aber jetzt VG München, Bay. VBl. 1973, 135.

[62] So z. B. *Huber*, DÖV 1956, 356 f.: Die Unterwerfung unter einseitige Rechtsgestaltungsmacht Vertrag zu nennen, hieße den Vertragsbegriff aufgeben.

[63] *Enneccerus/Lehmann*, S. 119.

Arbeitsrecht infolge der Tarifverträge kaum noch Spielraum für individuelle Vertragsgestaltung. Im Versicherungswesen, im Baugewerbe, bei den Banken, ja schließlich schon bei jedem größeren Kaufhaus sind allgemeine Geschäftsbedingungen eine Selbstverständlichkeit, und der Vertragsschluß „vollzieht sich zwar in der Form des freien Vertrages, aber auf Grund eines Diktats der Bedingungen durch den wirtschaftlich stärkeren Teil"[65].

Auf den Gebieten, die von dem breiten Instrumentarium staatlicher Wirtschaftslenkung erfaßt werden, wie auch bei der Inanspruchnahme öffentlicher Versorgungsbetriebe und Verkehrsmittel, ist die Privatautonomie längst verdrängt. „Große, wirtschaftlich und sozial wichtige Lebensbereiche sind seit langem so geordnet, daß zwar auf den Vertrag als Gestaltungsmittel nicht verzichtet, also dem einzelnen Bürger die Freiheit des Entschlusses gewährt wird, aber der Freiheit der Gestaltung und der Beendigung des einmal begründeten Vertragsverhältnisses enge Grenzen gesetzt sind"[66] und es liegt auf der Hand, daß sich diese Entwicklungstendenz im Sozialstaat bei weiterer Verknappung des Lebensraumes und der notwendigen Lebensgüter noch erheblich verstärken wird[67].

Warum aber sollte der Vertragsbegriff im öffentlichen Recht mehr Gestaltungsfreiheit beinhalten als im Zivilrecht?

Es ist daher festzustellen, daß begriffliche Bedenken gegenüber verwaltungsrechtlichen Verträgen auch dann nicht bestehen, wenn der Bürger faktisch keine Möglichkeit hat, den Vertrag inhaltlich mitzugestalten. —

Entscheidend aber ist, daß die h. M. mit dem Abgrenzungskriterium der Möglichkeit der Einflußnahme auf die Vertragsregelung letztlich auf die „Faktizität des Vorgangs und auf seine soziologische Struktur (,Befehl' oder ,Verhandeln')"[68] abstellt, und daß eine solche Abgrenzung fiktiv und untauglich bleiben muß[69]. Denn die Möglichkeit des Bürgers, eine an ihn gerichtete und von seiner Mitwirkungshandlung abhängige Einzelfallregelung inhaltlich zu beeinflussen, ist unabhängig von der

---

[64] *Raiser*, JZ 1958, 2.
[65] *Enneccerus/Lehmann*, S. 119.
[66] *Raiser*, JZ 1958, 3.
[67] So wird etwa der in den letzten Jahren besonders in den Vordergrund getretene Gedanke des Umweltschutzes durch umweltschützende Reglementierungen weitere Einengung der Vertragsfreiheit bringen.
[68] *Bullinger*, Vertrag, S. 35 f.
[69] *Bullinger*, Vertrag, S. 36: Die Abgrenzung bleibt unbefriedigend. S. 35: Mindestmaß gleichrangiger Mitwirkung schließt den VA nicht aus! — Ablehnend auch *von der Groeben/Knack*, § 121 Anm. 4.2. und *Imboden*, S. 32 mit Verweis auf Baechi; vorsichtiger *Rüfner*, VVdStRL 28, 213 f.: Zwischen VA und Vertrag bestehen „nicht immer große sachliche Unterschiede".

Regelungsform[70]. Auch eine — etwa durch die so definierte Vertragsform institutionalisierte — Einflußmöglichkeit könnte die auf tatsächlichen Machtverhältnissen beruhenden praktischen Gegebenheiten nicht im geringsten ändern: Bei allen Verhandlungen wird sich der tatsächlich Stärkere durchsetzen, derjenige, der die bessere Machtposition oder auch die besseren Argumente besitzt. Wie oft werden Auflagen und Nebenbestimmungen von VAen ausgehandelt, und wie oft erweist sich hierbei der Gewaltunterworfene als der Stärkere[71].

Bei der ganz überwiegenden Mehrzahl der Ablösungsverträge[72] hat der Bürger keine andere Wahl, als die im voraus generell festgesetzte Ablösungssumme mit allen Modalitäten stumm zu akzeptieren, während er sogar in der typischen Eingriffsverwaltung — etwa bei der gebührenpflichtigen Verwarnung durch den Verkehrspolizisten — durch überzeugende Gegenvorstellungen den ihm drohenden VA sehr wohl inhaltlich beeinflussen kann (— und nicht gar so selten gelingt es, die Verwarnungsgebühr „herunterzuhandeln").

Schließlich ist eine Abgrenzung nach der Möglichkeit der inhaltlichen Einflußnahme auch praktisch gar nicht zu verwirklichen: Wo müßten die Grenzen verlaufen, innerhalb derer die Möglichkeit der inhaltlichen Mitbestimmung noch so erheblich wäre, daß ein Vertrag anzunehmen wäre? Wie soll, wenn sich die Behörde mit ihren Ansichten im Ergebnis voll durchgesetzt hat, nachträglich unterschieden werden, ob der Bürger von einer an sich bestehenden Möglichkeit zur Einflußnahme nicht erfolgreich Gebrauch gemacht hat, oder ob für ihn von vornherein die Möglichkeit gar nicht bestand?

Zusammenfassend ist daher festzustellen: Das Kriterium der gleichrangigen inhaltsbestimmenden Mitwirkung ist weder begrifflich notwendig noch praktisch sinnvoll. Es beschneidet das Anwendungsfeld des sVV unnötig, ohne eine Abgrenzung von mitwirkungsbedürftigen VAen zu ermöglichen.

223. Versuch einer Neubestimmung des Verhältnisses zwischen sVV und VA

Nachdem die bisherigen Lösungsversuche zu keinen befriedigenden Ergebnissen geführt haben, bleibt schließlich nur noch die Abgrenzung von VA und sVV nach vorrangig subjektiven Kriterien.

---

[70] So auch *Schmidt-Salzer*, VerwArch. Bd. 62, 141 f.

[71] *von der Groeben/Knack*, § 121 Anm. 4.2. Daß der Gewaltunterworfene der Stärkere sein kann, wird auch von *Wolff*, VwR III, 2. Aufl., S. 222, gesehen. Seine Forderung, der sVV dürfe nicht dazu führen, daß sich der Stärkere durchsetze, ist wenig lebensnah (geändert in der 3. Aufl.).

[72] Vgl. hierzu oben 1. Fn. 14.

2231. Rechtsfolgewille der Beteiligten

Da sVV und VA trotz einer gewissen Annäherung immer noch deutlich unterschiedliche Rechtsfolgen haben — etwa hinsichtlich Vollstreckbarkeit, Bindungswirkung, Bindungseintritt usw.[73] — ist auch der Rechtsfolgewille der Beteiligten durchaus unterschiedlich, je nachdem eine Regelung durch VA oder durch sVV vorliegt. Deshalb ist in erster Linie nach dem Rechtsfolgewillen der Beteiligten abzugrenzen, welcher sich objektiv aus Form und Bezeichnung[74] der Regelung sowie aus ihrer gesamten Terminologie und einzelnen Bestimmungen ihres Inhalts ergibt[75].

2232. Gegenseitige Leistungspflichten

Ferner ist der sVV objektiv dadurch gekennzeichnet, daß gegenseitige Vertragspflichten begründet werden[76], während mitwirkungsbedürftige VAe häufig nur eine einseitige Verpflichtung enthalten (z. B. Gewährung einer Konzession ohne Gegenleistung des Bürgers). Bei einseitiger Verpflichtung oder Gewährung bleibt nach wie vor der VA die allein mögliche Handlungsform. Der sVV ist stets ein gegenseitiger Vertrag.

2233. Verhandlungsspielraum als bloßes Hilfskriterium

Für die wohl seltenen Fälle, in denen gegenseitige Leistungspflichten begründet werden, der Rechtsfolgewille jedoch nicht eindeutig zu ermitteln ist, kann nun hilfsweise das Kriterium des Verhandlungsspielraums herangezogen werden: Ist durch die vorgegebene gesetzliche Regelung jeglicher Verhandlungsspielraum ausgeschlossen, so deutet dies darauf hin, daß der Rechtsfolgewille auf eine einseitig hoheitliche Regelung gerichtet ist. —

224. Breitere Anwendbarkeit des sVV als Ergebnis der Abgrenzung

Aus der hier vorgeschlagenen Abgrenzung folgt nun, daß überall dort, wo im Subordinationsverhältnis wechselseitige Verpflichtungen

---

[73] Die Erörterung der einzelnen Rechtsfolgen (unten 6.) konnte nicht im Rahmen der Abgrenzungsfragen erfolgen, da die Rechtsfolgen ihrerseits von den Rechtmäßigkeits- und Zulässigkeitsgrenzen mitbestimmt werden — so insbesondere die Bindungswirkung: Rechtswidrige Verträge sind stets nichtig.

[74] a. A. BVerwGE 25, 72 (80): Der bloßen Bezeichnung als Vereinbarung könne keine entscheidende Bedeutung beigemessen werden; ebenso BVerwG, VerwRspr. 24, 688.

[75] Da man für den sVV aus Gründen der Rechtssicherheit ohnehin Schriftform fordern muß, werden nach der hier vorgeschlagenen Lösung Schwierigkeiten in den meisten Fällen schon dadurch vermieden, daß die Verwaltung Verträge auch ausdrücklich als solche bezeichnen wird.

[76] Wegen des gegenseitigen Nachgebens gilt dies auch für Vergleichsverträge.

begründet werden, die Behörde nach freiem Ermessen entweder durch sVV oder durch VA handeln kann, auch wenn sie dem Bürger einen mitbestimmenden Einfluß auf den Inhalt der Regelung versagen muß. Diese grundsätzlich freie Wahl der Handlungsformen[77] eröffnet der Verwaltung die Möglichkeit, Zweckmäßigkeitsgesichtspunkte verstärkt zu berücksichtigen.

Die nach dieser neuen Abgrenzung sich ergebende Breite einer alternativen Anwendbarkeit von VA und sVV läßt sich anhand von drei Fallgruppen veranschaulichen:

Die *konkret leistende Verwaltung*[78] kann sowohl durch begünstigenden VA mit Auflage als auch durch sVV — hier Austauschvertrag — handeln, wenn es eine Leistung der Verwaltung bei Gegenleistung des Bürgers zu regeln gilt. Schwerpunkt ist hier die Leistung der Verwaltung, die Regelung liegt im überwiegenden Interesse des Bürgers (z. B. Ablösungsverträge, Subventionsverträge).

Die *konkret eingreifende Verwaltung* kann sowohl durch belastenden VA handeln, bei welchem die Festsetzung der Gegenleistung der Verwaltung Rechtmäßigkeitsbedingung ist, als auch durch sVV. Es handelt sich dann um einen Austauschvertrag, der eine Leistung des Bürgers bei Gegenleistung der Verwaltung regelt. Schwerpunkt ist hier die Leistung des Bürgers, die Regelung liegt im überwiegenden Interesse der Verwaltung (z. B. Expropriationsvertrag).

Bei *jeder Art von Verwaltungstätigkeit* (das Hauptanwendungsgebiet dürfte jedoch die leistende Verwaltung sein) kann die Behörde sowohl durch VA handeln, allerdings nach langwieriger, womöglich nicht einmal erfolgreicher Aufklärungsarbeit, als auch durch sVV — hier Vergleichsvertrag — wenn es gilt, eine Regelung in Fällen zu treffen, wo ernsthafte Zweifel über die Sach- oder Rechtslage bestehen.

---

[77] Allerdings ist zu beachten, daß dieser Grundsatz im Einzelfall etwa durch ausdrückliches gesetzl. Gebot des Handelns durch VA modifiziert wird. Im einzelnen siehe unten 433.

[78] Das abstrakte Begriffspaar Eingriffs- bzw. Leistungsverwaltung ist hier nicht tauglich, da diese Begriffe nichts darüber aussagen, ob begünstigende oder belastende VAe ergehen.

3. Wert eines Alternativitätsverhältnisses zwischen sVV und VA

31. Vorbemerkung

Nachdem nun durch veränderte Abgrenzung des sVV vom p.r. Vertrag und vom VA eine im grundsätzlichen breitere Basis für eine Anwendbarkeit des sVV geschaffen wurde, stellt sich die Frage, welchen Raum der sVV rechtlich bedenkenfrei tatsächlich einnehmen darf. Weil aber das Rechtsinstitut des sVV bestimmte Aufgaben erfüllen, bestimmten Zwecken dienen muß, ist der rechtlichen Wertung vorgeordnet die — oft nur unbewußt vollzogene — sachliche Wertung, die Entscheidung darüber, ob es erwünscht, zweckmäßig, notwendig ist, dem sVV eine gesicherte Stellung im allgemeinen Verwaltungsrecht zu verschaffen[1].

32. Gegen den sVV als gleichberechtigte Handlungsform vorgetragene Argumente

321. Ist der sVV eine contradictio in adiecto?

Die ältesten und grundsätzlichsten Bedenken gegen den sVV setzen bereits am Begriff und an der definitorischen Grundlage an: Während der VA, dem Subordinationsverhältnis angemessen, Ausdruck einer einseitig verbindlichen Anordnung einer Behörde ist, stellt sich der Vertrag als Ausdruck einer auf gleichwertigen korrespondierenden Willenserklärungen beruhenden Einigung dar[2]. Nun sei aber dem Subordinationsverhältnis gerade die Unterordnung wesenseigen. Es fehle also die Gleichheit der Vertragsparteien, die juristische Gleichwertigkeit ihrer Willenserklärungen. Demnach sei der subordinationsrechtliche

---

[1] Das zeigt sich deutlich, wenn man die Zulässigkeitsbeurteilungen von Bullinger und Salzwedel gegenüberstellt: *Bullinger* (zusammenfassend, Vertrag, S. 254 ff.) hält den Vertrag nicht für notwendig — und gelangt zu einer weitgehenden Verneinung der Zulässigkeit. Umgekehrt *Salzwedel*, der den Vertrag für äußerst wünschenswert hält und sein Zweckdenken den rechtl. Gesichtspunkten überordnet, indem er die Zulässigkeit vor allem nach dem „vertragsfordernden Verwaltungsinteresse" (S. 113) beurteilt. (Vgl. auch S. 132!)

[2] *Beinhardt*, VerwArch. Bd. 55, 249.

Vertrag eine contradictio in adiecto[3]. — Mit Recht wird aber demgegenüber betont, daß nicht ein abstraktes Ko- oder Subordinationsverhältnis maßgebend ist, sondern daß es auf den konkreten Fall ankommt, da die Verwaltung im Einzelfall auf ihre Überordnung verzichten und sich auf den Boden vertraglicher Gleichordnung begeben könne[4]. Dies aber ist keine Frage der Begriffslogik, sondern der rechtlichen Gebundenheit der Verwaltung[5].

322. Der Vertrag im Schatten einseitiger Regelungskompetenz

Mit dem Hinweis auf die Maßgeblichkeit nicht der abstrakten, sondern der konkreten Regelungssituation sind jedoch nur rein begriffliche Bedenken widerlegt, nicht aber praktisch tatsächliche Zweifel an der Vereinbarkeit von Subordinationsverhältnis und Vertrag zerstreut. Denn betritt die Verwaltung in Wirklichkeit überhaupt den Boden der Gleichordnung? Es muß doch fraglich erscheinen, ob die Vertragsverhandlungen des Bürgers mit der ihm als Vertragspartner formal gleichgeordneten Behörde nicht vielfach gleichsam im Schatten der an sich bestehenden einseitig verbindlichen Regelungskompetenz der Behörde stehen.

Läßt man jedoch ohnehin die inhaltliche Gestaltungsfreiheit als notwendiges Kriterium des Vertragsbegriffes fallen[6], so sind Subordinationsverhältnis und Vertrag auch praktisch sehr wohl zu vereinbaren, da die auf Grund einseitiger Regelungskompetenz auch bei vertraglicher Regelung häufig dominierende Gestaltungsmacht der Behörde einem der heutigen Wirklichkeit angepaßten Bild des Vertrages nicht widerstrebt[7].

Doch eine weitere Überlegung drängt sich auf: Wird der Grad der möglichen Einflußnahme des Bürgers für die Unterscheidung bedeutungslos und entfällt damit der wesentliche qualitative Unterschied beim Zustandekommen der Regelung, so finden die unterschiedlichen Rechtsfolgen von VA und sVV allein dadurch ihre Rechtfertigung, daß die Verwaltung jeweils das eine oder das andere Institut für zweckmäßig hält. Geht man nun davon aus, daß öffentliches Interesse und Individualinteresse durchaus verschieden sind, so liegt der Schluß nahe, daß das Individualinteresse des Bürgers eine Einschränkung erfährt,

---
[3] *Giacometti*, S. 443; ähnlich schon *Otto Mayer*, AöR Bd. 3, 1 ff. insbes. S. 42. Gegen diese Meinung *Buddeberg*, AöR Bd. 8, 120.
[4] *Stein*, AöR Bd. 86, 321; *Beinhardt*, VerwArch. Bd. 55, 249.
[5] *Stein*, AöR Bd. 86, 321; ähnlich *Schick*, S. 14.
[6] Vgl. dazu oben 222.
[7] Daß solche Verträge sinnvoll sind und sich auch noch ausreichend vom VA abheben, wird im folgenden zu zeigen versucht.

wenn sich das Instrumentarium der Verwaltung zur Durchsetzung des öffentlichen Interesses erweitert, ohne daß der Bürger irgendeine Kompensation erhält. In der Tat erhält der Bürger keinerlei Kompensation — auch die institutionalisierte Einflußmöglichkeit aus den Vertragsinhalt hätte das allein schon wegen ihrer rein fiktiven Natur nicht sein können! Dem Bürger bleibt in dieser Hinsicht als Minimum lediglich das durch die Abschlußfreiheit gesicherte rechtliche Gehör.

Dennoch zeigt sich bei näherer Betrachtung sehr rasch, daß sich hier — wie häufig — dem Interessengegensatz von Verwaltung und Bürger ein gemeinsames Interesse überordnet: Die Bindung der Verwaltung an die rechtsstaatlichen Prinzipien — hier insbesondere das Verhältnismäßigkeitsprinzip — bewirkt, daß gerade auch der Bürger aus der infolge Formenmehrheit erzielten besseren Feinabstufung des Verwaltungshandelns Vorteil zieht. —

Schließlich aber hat der Bürger immer noch die Möglichkeit, durch Versagung seiner Mitwirkung beim Vertragsschluß zu erreichen, daß entweder die Regelung ganz unterbleibt oder daß ein VA ergeht.

Ein grundsätzlich unbeschränktes Nebeneinander von sVV und VA als Handlungsformen öffentlicher Verwaltung bedeutet also nicht eine Erweiterung staatlicher Machtmittel zuungunsten des Bürgers, sondern dient durch feinere Abstufung des Verwaltungshandelns unmittelbar den Interessen von Staatsbürger und Verwaltung.

323. Widerspricht die Vertragsfreiheit notwendigerweise den rechtsstaatlichen Verwaltungsgrundsätzen?

Mißtrauen erweckt der Verwaltungsvertrag wohl bis heute vor allem deshalb, weil vielfach befürchtet wird, der Vertrag sei mit schrankenloser Vertragsfreiheit verbunden, und dieser könnten die rechtsstaatlichen Verwaltungsgrundsätze zum Opfer fallen.

So lehnt etwa Bullinger den Vertrag als Handlungsform für die Hoheitsverwaltung rundweg ab, weil das „hoheitliche Verwaltungsermessen in fundamentalem Gegensatz zur Vertragsfreiheit als der Freiheit, bis zur Grenze der Sittenwidrigkeit und speziell des Wuchers um eine Gegenleistung zu feilschen"[8], stehe. Diese Ansicht wird wohl verständlich, wenn man sich vergegenwärtigt, daß vielfach der Eindruck entsteht, mit dem „Siegeszug des öffentlich-rechtlichen Vertrages"[9] werde die Befreiung der Verwaltung aus den Fesseln des Gesetzmäßigkeitsprinzips gefeiert: So führt Lerche unbefangen den „normkorrigie-

---
[8] *Bullinger*, Vertrag, S. 255.
[9] *Salzwedel*, S. 3.

renden Vertrag"[10] ein und wendet sich gegen die „Vergötzung des Gesetzmäßigkeitsprinzips"[11], während Salzwedel und ihm folgend Scheerbarth das „vertragsfordernde Verwaltungsinteresse" über den Gleichbehandlungsgrundsatz triumphieren lassen[12].

In der Tat sind die letztgenannten Ansichten nicht dazu angetan, dem sVV ungeteilte Sympathien zu erobern. Dennoch ist Bullinger mit seiner scharfen Ablehnung des sVV fehlgeleitet, denn er geht von wenig ergiebigen Prämissen aus: Indem er als Merkmal des sVV eine nahezu unbegrenzte Vertragsfreiheit zu Grunde legt, was kaum die extremsten Befürworter tun, nimmt er bereits im Ausgangspunkt die (ablehnende) Wertung vorweg. Dabei versperrt er sich den Blick auf die Tatsache, daß auch der Verwaltungsvertrag so definiert und begrenzt werden kann, daß er mit rechtsstaatlichen Verwaltungsgrundsätzen vereinbar ist.

Der Wert eines alternativen Handelns durch VA einerseits und sVV andererseits sowie die Zweckmäßigkeit einer gesicherten Stellung des sVV im allgemeinen Verwaltungsrecht kann daher nicht mit dem Hinweis auf die vielfach vorgenommene unzulässige Ausweitung des Vertrages geleugnet werden. Denn eine echte Alternative zum VA kann verständlicherweise die Vertragsform nur sein, soweit sie mit rechtsstaatlichen Grundsätzen — insbesondere dem Gesetzmäßigkeitsprinzip und dem Gleichheitsgrundsatz — vereinbar ist. Daß solche Verträge möglich sind, bedarf keiner Begründung; welcher Art die rechtlichen Schranken sein müssen, wird unten versucht aufzuzeigen.

324. Vorurteile

Die unbegründete Furcht vor einer schrankenlosen Vertragsfreiheit im Verwaltungsrecht auf der einen Seite[13] und die Zurückstellung von Rechtmäßigkeitsgesichtspunkten zugunsten angeblicher Zweckmäßigkeit auf der anderen Seite[14] haben dazu beigetragen, die Frage nach der Erwünschtheit des sVV zu ideologisieren. Einer nüchternen Betrachtung der Wertungsfrage stehen vielfach gefühlsbeladene, sachlich nicht begründete Vorstellungen und historischer Ballast entgegen.

So spricht Baring von dem verdienten Odium der Illegitimität, das den Verträgen anhafte, und sieht in der Verbreitung des öffentlich-rechtlichen Vertrages auf Kosten des VA die Gefahr, daß der Sinn

---

[10] *Lerche*, S. 62.
[11] *Lerche*, S. 65.
[12] *Salzwedel*, S. 132; *Scheerbarth*, S. 142.
[13] z. B. *Bullinger*, Vertrag, S. 255.
[14] Wie Fn. 10 - 12.

dafür verlorengehe, daß auch im Rechtsstaat öffentliche Gewalt ausgeübt werde[15]. Man liefe Gefahr, „mit einer alten Überlieferung zugleich den Staat preiszugeben". Ja, sogar Adolf Hitler, der auf Grund vertraglicher Vereinbarungen zum Regierungsrat ernannt wurde und dadurch die deutsche Staatsangehörigkeit erhielt, wird herbeibeschworen[16], um die Behauptung zu stützen, uns sei in der Frage des öffentlichrechtlichen Vertrages „die Unbeschwertheit abhanden gekommen"[17].

Gerade Unbeschwertheit von allerhand Vorurteilen, historischen Reminiszenzen und weltanschaulichem Ballast tut aber dringend not. Weil die gegenwärtige Entwicklung dahin zielt, die Verwaltung mehr und mehr rechtlich zu binden, muß diese Bindung auch in zunehmendem Maße an der Verwaltungszweckmäßigkeit orientiert sein[18]. Mißtrauen erwecken muß daher andererseits auch das Argument von Eyermann/ Fröhler[19]: „Der modernen Auffassung vom Verhältnis Staat - Untertan entspricht es, die Anordnung hoheitlicher Mittel möglichst als letzten Ausweg vorzunehmen." Diese Umkehrung der Lehre Otto Mayers hat eine bereitwillige Aufnahme gefunden[20]. Doch nirgends ist eine Begründung zu finden, warum der sVV gegenüber dem VA die demokratischere Regelungsform sei. Betrachtet man als Ziel der Verwaltung die Konkretisierung der Verfassung, also den Normenvollzug im weitesten Sinne, die Handlungsformen der Verwaltung aber als Zweckinstitute[21], so könnte allenfalls diejenige Handlungsform als besonders demokratisch angesehen werden, die besonders gut die Konkretisierung der Verfassung ermöglicht. Dies kann aber nur im Einzelfall anhand der Zweckmäßigkeit und Interessengerechtigkeit der unter Beachtung aller Rechtmäßigkeitsgesichtspunkte zustandegekommenen Regelung entschieden werden. Da der Vertrag faktisch nicht einmal typischerweise einen Mehrwert an Einflußmöglichkeit des Bürgers hat[22], ist schlechterdings nicht einzusehen, worin sein demokratischer Vorsprung liegen soll. Die Tatsache, daß eine Angelegenheit durch Vertrag geregelt wird, besitzt nicht den geringsten Eigenwert. Allein die Ergebnisse der Regelung sind entscheidend — und wenn diese beim VA interessengerechter ausfielen, wäre letzterer ohne jedes Bedenken vorzuziehen.

Zusammenfassend ist festzustellen, daß keines der gegen eine breitere Anwendung des sVV vorgetragenen Argumente überzeugen kann. Zu

---
[15] *Baring*, DVBl. 1965, 184 u. 183.
[16] *Baring*, DVBl. 1965, 183.
[17] *Baring*, DVBl. 1965, 182.
[18] *Meyer*, DÖV 1969, 162.
[19] § 40 Rdn. 10; ähnlich *Leisner*, S. 406.
[20] z. B.EVwVerfG, S. 186; BVerwGE 23, 213 (216); Bay. VGH, Bay. VBl. 1962, 284 (285).
[21] So für den VA ausdrücklich auch *Bullinger*, Vertrag, S. 35.
[22] Siehe oben 222.

3. Wert eines Alternativitätsverhältnisses zwischen sVV und VA

prüfen ist aber nunmehr, was positiv von der Vertragsform im Verwaltungsrecht erhofft werden kann.

33. Gesichtspunkte für eine breitere Anwendung des sVV

331. Größere Elastizität des Vertrages bei fehlender gesetzlicher Regelung

Grundsätzlich kann wohl nicht in Zweifel gezogen werden, daß der sVV dem VA in Situationen vorzuziehen ist, wo Behörde und Bürger mangels gesetzlicher Regelung weiten Verhandlungsspielraum haben. Denn dort wird der einvernehmliche Interessenausgleich durch Vertrag zur elastischeren und infolge der stärkeren Beteiligung des Bürgers auch dauerhafteren Lösung führen als der ungelenke, in sein Formenkorsett gebundene VA. Im Sinne einer größeren Effizienz des Verwaltungshandelns fällt deshalb dem sVV im Vergleich zum VA in besonderem Maße die Aufgabe zu, Regelungen in gesetzlich nicht durchnormierten Bereichen zu treffen. Trotz der gegenwärtigen Tendenz, die Verwaltungstätigkeit bis in die Einzelheiten durch Gesetze zu lenken, sind diese Bereiche von nicht geringer Bedeutung, denn heute noch ist die Verwaltung keineswegs auf Gesetzesvollziehung beschränkt, sondern sie ist „in weitem Umfange frei schöpferische und gestaltende Tätigkeit zur Verwirklichung der Gemeinschaftszwecke"[23].

Wachsamkeit ist jedoch angebracht gegenüber dem zunächst recht ähnlich klingenden Argument, der sVV erhalte seinen besonderen Wert aus der Fähigkeit, atypische Situationen zu regeln. Denn allzu groß ist die Gefahr, daß die behauptete Ausnahmesituation als Rechtfertigung für rechtswidriges Verwaltungshandeln herhalten muß: Um die Ausnahmesituation zu veranschaulichen, führt etwa Salzwedel als Beispiel an[24], daß einem Baulustigen ein Baudispens für fünfgeschossige Bauweise erteilt wird, wogegen er der Stadt ein Grundstück für den Bau einer Schule zu angemessenem Preis überläßt. Salzwedel selbst gibt zu, daß ein entsprechender VA wegen sachwidriger Koppelung rechtswidrig wäre. Es kann aber schwerlich einleuchten, daß eine sachwidrige Koppelung von Leistungen der Behörde mit Gegenleistungen des Bürgers plötzlich rechtlich bedenkenfrei sein soll, nur weil der Leistungsaustausch nicht in einem VA, sondern in einem inhaltlich genau entsprechenden Vertrage geregelt wird[25].

---

[23] *Bachof*, VVdStRL 12, S. 55.
[24] *Salzwedel*, S. 49.
[25] Vgl. hierzu die höchst bedenkliche Entscheidung BGHZ 26, 84. Bezeichnend ist auch, daß dort (S. 86) mit Selbstverständlichkeit davon ausgegangen wird, daß der Dispensvertrag privatrechtlich sei.

So verbirgt sich bei Austauschverträgen hinter der Maske der vielbemühten Atypik[26] häufig nichts anderes als die Rechtswidrigkeit[27].

332. Bessere Sicherstellung des Rechtsfriedens bei vertraglichem Handeln

Ein weiterer Vorteil des vertraglichen Handelns liegt darin, daß Verträge in höherem Maße als VAe geeignet sind, den Rechtsfrieden sicherzustellen[28]. Selbst in den Fällen, wo der Bürger keinen entscheidenden Einfluß auf den Inhalt der Regelung hat, fühlt er sich durch die Tatsache des Vertragsschlusses psychologisch aufgewertet. Er mißt der eigenen Mitwirkungshandlung — und sei es nur die Unterschrift unter das Vertragsformular — ein höheres Gewicht bei als dem schlichten Antrag auf Erlaß eines VA. Selbst wenn in der geforderten Leistung kein wesentlicher Unterschied besteht, ist er eher geneigt, sich an die vertraglich übernommene Verpflichtung gebunden zu fühlen als an die von der Behörde angeordnete Auflage, die ihm in stärkerem Maße als mißliebiger Zusatz erscheint. Infolgedessen ist bei der vertraglichen Regelung die Wahrscheinlichkeit, daß der Bürger Rechtsschutz begehrt, stark vermindert[29]. —

Auch die Tatsache, daß VA und sVV bezüglich Verfahren, Form usw. erhebliche Unterschiede aufweisen[30], spricht dafür, daß die Wahlmöglichkeit zwischen beiden Rechtsformen unter Beachtung des Verhältnismäßigkeitsprinzips zu einer besseren Anpassung des Verwaltungshandelns an die Erfordernisse des Einzelfalles führt und so ebenfalls letztlich dem Rechtsfrieden dient.

333. Die Notwendigkeit von Vergleichsverträgen

Der hohe Wert, den der sVV als Handlungsform für die Verwaltungspraxis besitzt, zeigt sich am augenfälligsten an der enormen Verbrei-

---

[26] Vgl. etwa EVwVerfG, S. 187 u. vor allem *Salzwedel*, S. 49.

[27] Dazu auch *Lerche*, S. 62, der in „Sondersituationen" die zwingende Norm durch Vertrag korrigieren will; sowie *Scheerbarth*, S. 141, mit folgendem eindeutig rechtswidrigen Beispiel: Der Bauherr erhält Dispens von der Verpflichtung, Öffnungen in der Brandmauer ganz zuzumauern und gibt der Stadt dafür ein „günstiges Darlehen". Hier ist der „Ausverkauf von Hoheitsrechten" in der Tat nicht mehr fern. Im einzelnen zum Problem des Koppelungsverbots unten 44114.

[28] OVG Münster, OVGE 16, 12 (17); EVwVerfG, S. 188; *Meyer*, DÖV 1969, 165; *Schick*, S. 8.

[29] Nicht ganz unbedenklich mag diese Überlegung insofern erscheinen, als darin eine gewisse „Rechtsschutzausschlußfunktion" der Vertrages liegen könnte. Dennoch ist es wohl legitim, den Wert einer rechtl. Regelung auch danach zu messen, wieviel Streit aus ihr entsteht.

[30] Siehe dazu unten 6.

3. Wert eines Alternativitätsverhältnisses zwischen sVV und VA

tung (außergerichtlicher) Vergleichsverträge. So wurden 1960 bereits 29,3 % aller abgeschlossenen Wiedergutmachungssachen in Schleswig-Holstein durch Vergleich erledigt[31]. Ursache dafür, daß der Vergleichsvertrag einen derart festen Platz in der Verwaltungspraxis eingenommen hat, ist die Tatsache, daß ein VA eben nur dann ergehen kann, wenn sämtliche Zweifel über die Tatsachen- und Rechtslage beseitigt sind. Denn die Behörde trifft die Pflicht zu umfassender Sachaufklärung[32]. Oft ist aber eine umfassende Sachaufklärung — vor allem bei Ereignissen der Kriegs- und Nachkriegszeit und in den Vertreibungsgebieten — nur mit unverhältnismäßig hohem Aufwand oder überhaupt nicht möglich. Bei Nichterweislichkeit von Tatsachen müßte dann die nach allem Ermittlungsaufwand unbefriedigende Entscheidung nach der materiellen (auch: objektiven) Beweislast erfolgen. Denn auch im Verwaltungsverfahren, für welches hinsichtlich der Beweislast dasselbe gilt wie für den Verwaltungsprozeß[33], gibt es eine materielle oder objektive Beweislast, von der abhängt, zu wessen Ungunsten sich die Ungeklärtheit eines Sachverhalts auswirkt[34].

Angesichts dieser Lage bietet sich der Vergleichsvertrag als die für alle Beteiligten wesentlich günstigere Lösung an. Denn die Entscheidung nach der materiellen Beweislast kann oft für den Bürger, welcher ja in der Regel Anspruchsteller ist, unbillig sein. Ferner liegt ein wesentlicher Vorteil des Vergleichsvertrages für Bürger und Verwaltung darin, daß ein großer, möglicherweise vergeblicher Ermittlungsaufwand gespart wird, und sich das Verwaltungsverfahren dementsprechend erheblich verkürzt. Statt der bei zweifelhaften Sachverhalten besonders hohen Prozeßwahrscheinlichkeit steht am Ende des Verwaltungsverfahrens die einverständliche Vergleichslösung.

Während der starre VA nur ein Entweder - Oder kennt[35] und somit als sinnvolle Regelungsform da versagt, wo auf zumutbare Weise nicht zu beseitigende Zweifel über die Sach- oder Rechtslage bestehen, ermöglicht dort der Vergleichsvertrag ausgleichende Lösungen und trägt dadurch der Verwaltungsökonomie und dem Individualinteresse des Bürgers wesentlich besser Rechnung[36].

---

[31] So der EVwVerfG, vor § 40, S. 186; vgl. auch oben 1. Fn. 10.

[32] Vgl. etwa BVerwG, Sammel- u. Nachschlagewerk Bd. 5 (alte Folge), 427, 2 § 8 Nr. 31.

[33] So *Wolff*, VwR III, S. 240 f.

[34] „Diese Beweislast trägt jedes Verfahrenssubjekt für das Vorhandensein aller Tatsachen, auf die der Anspruch bzw. sein Bestreiten geschützt wird." (*Wolff*, VwR III, S. 241.) Nach allgemeiner Meinung unterscheiden sich Verw.- und Zivilprozeß nicht hinsichtlich der mat. Beweislast (wohl dagegen hinsichtlich der Beweisführungslast). Vgl. *Ule*, Verwaltungsgerichtsbarkeit, § 86 Anm. III 1 mit zählr. Nachw.

[35] EVwVerfG, S. 187.

[36] Allerdings darf auch bei Vergleichsverträgen die Pflicht zu umfassender Sachaufklärung nicht vernachlässigt werden. Dazu im einzelnen unten 4423.

4. Zulässigkeitsgrenzen des sVV

41. Vorbemerkung

Nachdem bisher dargelegt wurde, daß eine freie Wahl der Verwaltung zwischen mitwirkungsbedürftigem VA und sVV als Handlungsformen im Grundsätzlichen auf keine unwiderlegbaren Bedenken stößt, und daß eine breitere praktische Anwendung des sVV möglich und durchaus wünschenswert ist, ist nunmehr zu prüfen, ob und wieweit die für die Anwendung des Vertrages sprechenden Zweckmäßigkeitserwägungen mit rechtsstaatlichen Grundsätzen zu vereinbaren sind, wo also die rechtlichen Zulässigkeitsgrenzen des sVV liegen.

Die Meinungen in der Literatur reichen von der begeisterten Zustimmung Salzwedels[1] über alle denkbaren Zwischenmeinungen bis zur schroffen Ablehnung Bullingers[2], während die Rechtsprechung nur sehr langsam und mühevoll eine einheitliche Linie zu finden beginnt[3].

42. Geschichtlicher Überblick

Daß sich der sVV als Handlungsform öffentlicher Verwaltung lange nicht durchsetzen konnte[4], ist wohl in erheblichem Maße auf den Einfluß Otto Mayers zurückzuführen. Otto Mayer lehnte den sVV grundsätzlich ab, da er im Widerspruch zu der im Verwaltungsrecht bestehenden Ungleichheit der Rechtssubjekte Staat und Bürger stehe. Das innerstaatliche öffentliche Recht sei von der allgemein einseitig bindenden Kraft des Staatswillens beherrscht, darum seien „wahre Verträge des Staates auf dem Gebiet des öffentlichen Rechts überhaupt nicht denkbar"[5].

---

[1] *Salzwedel*, S. 1.
[2] *Bullinger*, Vertrag, S. 255.
[3] Vgl. etwa BVerwGE 14, 103; 17, 83; anders noch 4, 111. Eine Tendenz zur Vereinheitlichung wird auch sichtbar in BGHZ 56, 365 (372), wo sich der III. Zivilsenat zur Aufgabe seiner bisherigen Rspr. durchringt und einen Anbauvertrag als ö.r. Vertrag ansieht. Anders aber der V. Zivilsenat im U. v. 12. 5. 1972, DÖV 1972, 718. Zu den Divergenzen in der Rspr. vgl. auch die Übersicht bei *Bullinger*, Vertrag, S. 50 ff.
[4] Eine umfassende Darstellung der geschichtlichen Entwicklung mit zahlreichen Nachweisen des älteren Schrifttums gibt *Stern*, VerwArch. Bd. 49, S. 107 ff., insbes. S. 113 ff.
[5] AöR Bd. 3, 41 f.; ähnlich schon in: Theorie des frz. VerwR (1886), S. 291, zit. nach *Laband*, AöR Bd. 2, 157 f. Auch in Otto Mayers Lehrbuch des VerwR

Gegen die Ansicht von Otto Mayer wandte sich schon Laband mit der Auffassung, der Staat könne „bei Begründung von Verhältnissen, die er durch einseitigen Herrscherakt hervorzurufen imstande wäre, ... dem Betroffenen einen Anteil, ein Mitwirkungsrecht einräumen"[6]. — Während für Kormann der Vertrag zwischen nicht gleichgeordneten Personen noch etwas „Abnormes"[7] war, wies Fleiner[8] ausdrücklich auf die Bedeutung und Problematik des subordinationsrechtlichen Vertrages hin. Allerdings seien Vertragsschlüsse ohne gesetzliche Ermächtigung nichtig[9]. Diese normative Ermächtigungslehre hat bis heute nicht wenige Anhänger gefunden[10].

Der Durchbruch zu einer großzügigen Anerkennung des Verwaltungsvertrages erfolgt erst nach der Monographie Apelts[11], der sich entschieden gegen die normative Ermächtigungslehre wendet[12] und den Vertrag auch dann zuläßt, wenn er im Gesetz nicht ausdrücklich vorgesehen ist. Daß sich Apelt sehr weitgehend mit seiner Meinung durchsetzte, zeigt u. a. die Regelung des Art. 47 EVwRO f. Wttbg.[13], die den

---

ist eine Hinwendung zur Lehre vom ö.r. Vertrage nicht festzustellen: Zwar schreibt er in der 2. Aufl., Bd. I, S. 104 und in der 3. Aufl., Bd. I, S. 101 (weniger deutlich: 1. Aufl., Bd. I, S. 101), es gebe „öffentlich-rechtliche Seitenstücke zu bekannten zivilrechtlichen Vertragsarten. Die Bezeichnung, ö.r. Rechtsgeschäft, ö.r. Vertrag mag dazu dienen, die Dinge anschaulich zu machen". Doch mehr als ein Begriff zur Illustration soll der ö.r. Vertrag nicht sein, denn „der VA verleugnet dadurch seine Natur nicht, die ihm seinen Platz neben dem Urteil anweist, sondern bezeugt nur, wie weit die freie Beweglichkeit geht, die ihn vor diesem auszeichnet". (Ebenda.)

[6] *Laband*, AöR Bd. 2, 159. Die Ansicht Otto Mayers bezeichnet er als „einseitig und m. E. unhaltbar" (ebenda). Vgl. auch Staatsrecht, S. 188: „Der Vertrag findet überall Anwendung, wo der Staat mit den ihm zustehenden Herrschaftsrechten die ihm obliegenden Aufgaben nicht zu erfüllen vermag."

[7] So *Kormann*, S. 32.

[8] Institutionen, S. 210 ff.

[9] Institutionen, S. 212.

[10] Vor allem *Stern*, VerwArch. Bd. 49, 145 ff. und neuerdings noch *Schlotke*, S. 46, der allerdings zu Unrecht Stein zitiert: *Stein*, AöR Bd. 86, S. 323, Fn. 13, wendet sich ausdrücklich *gegen* die Meinung Sterns. Stein hält lediglich an der gesetzl. Ermächtigung für Belastungen des Bürgers fest — die Vertragsform sei jedoch nicht von einer gesetzl. Ermächtigung abhängig. Wie Stein wohl auch *Rupp*, DVBl. 1959, 81 ff. — Vgl. aus der Rspr. vor allem BVerwGE 4, 111 (115), aber auch BVerwGE 5, 128 (130). Ablehnend mit überzeugender Begründung: *Bachof*, Rspr. I, S. 105, Nr. A 10; auch OVG Münster, OVGE 16, 12 (14 ff.).

Unklar *Forsthoff*: Der Einwand der normativen Ermächtigungslehre sei mit dem Positivismus entfallen (LB I, S. 277). Andererseits aber will er den Vertrag nicht zulassen, „wo das Gesetz das Verwaltungshandeln zwingend vorschreibt, es sei denn, daß eine ausdrückliche Gesetzesvorschrift zum Vertragsabschluß ermächtigt ..." (LB I, S. 278). Auch seine Urteilsanmerkung zu BVerwGE 4, 111 in DVBl. 1957, 724, bezeichnet er als zustimmend (S. 726).

[11] *Apelt*, Der verwaltungsrechtliche Vertrag, Leipzig 1920.

[12] z. B. S. 46 f.; vgl. auch seinen Überblick über die anschließende Entwicklung in AöR Bd. 84, 249 ff.

[13] Der 11. Titel mit Art. 47 - 51 ist dem ö.r. Vertrag gewidmet.

Grundsatz der normativen Ermächtigungslehre geradezu auf den Kopf stellt: Verträge sind grundsätzlich zulässig, „soweit nicht Rechtsvorschriften entgegenstehen"[14]. Interessant ist, daß diese Formulierung noch wörtlich in § 50 RegEVwVerfG vom 18. 7. 1973 erscheint.

Trotz zahlreicher Gegenstimmen[15] kann die Ansicht des EVwRO f. Wttbg. heute als herrschend[16] bezeichnet werden[17], um so mehr, als sie durch § 121 LVwG Schl.H. erstmals Eingang in eine gesetzliche Regelung gefunden hat und auch im RegEVwVerfG vertreten wird.

Der Grund dafür, daß sich die normative Ermächtigungslehre letztlich nicht behaupten konnte, ist wohl vor allem darin zu suchen, daß sie sich ohne rechtliche Notwendigkeit zu weit von den praktischen Bedürfnissen der öffentlichen Verwaltung entfernte[18].

43. Zulässigkeit der Form des Vertrages

431. Zulässigkeit — Rechtmäßigkeit

Wird von der Zulässigkeit ö.r. Verträge gesprochen, so wird häufig nicht recht deutlich, was mit diesem Begriff eigentlich gemeint sein soll. Da aber das Problem des Vertrages im Verwaltungsrecht ohnehin mit Emotionen beladen ist[19], sind klare Begriffe gerade hier von besonderer Wichtigkeit. In der Regel wird als Frage der Zulässigkeit sowohl das Problem behandelt, ob der Vertrag als Handlungs*form* zugelassen sei, wie auch das Problem der rechtlichen Inhaltsschranken der vertraglichen Regelung[20].

---

[14] Vgl. auch die überzeugende Begründung zu Art. 47, EVwRO, S. 179.
[15] Vgl. Fn. 10; ferner: *Baring*, DVBl. 1965, 180 (gegen Baring aber *Knack*, DVBl. 1965, 709 ff.), *Bullinger*, Vertrag, S. 255; Zur Zurückhaltung mahnt auch *Pötter*, Der Staat, Bd. III, S. 184.
[16] a. A. noch *Mörtel*, Bay. VBl. 1965, 220, der die normative Ermächtigungslehre als herrschend bezeichnet.
[17] So z. B. *Bachof*, Rspr. I, S. 105, Nr. A 10 gegen BVerwGE 4, 111; *Wolff*, VwR I, S. 309; *Peters*, LB , S. 153 f.; *Apelt*, S. 56 f.; *Salzwedel*, S. 114 ff.; *Scheerbarth*, S. 131 f.; *Schulze*, S. 75 f.; *Kottke*, S. 40 ff.; *v. Campenhausen*, DÖV 1967, 667; *Barocka*, VerwArch. Bd. 51, 11; EVwVerfG von 1963, § 40 I und ebenso § 40 der „Münchener Fassung" von 1966; RegEVwVerfG von 1973, § 50, BT Drucks. VII/910. Auch das BVerwG, vgl. etwa BVerwGE 14, 103; 23, 213; BVerwG DÖV 1973, 709.
[18] Vgl. hierzu vor allem die Kritik von *Bachof*, Rspr. I, S. 105 f., Nr. A 10, gegen BVerwGE 4, 111.
[19] Vgl. hierzu oben 324.
[20] So ausdrücklich *Bullinger*, Vertrag, S. 40. Im Ergebnis wenig anders *Salzwedel*, nach dem die „spezielle Unzulässigkeit" die gesamte ö.r. Seite des Vertrages betreffen soll, während zur „umfassenden Fehlerhaftigkeit" Fehler gehören sollen, die „den Vertrag an sich betreffen", wofür ein Auftreten in gleicher Weise bei p.r. Verträgen ein Indiz sei. (S. 103.)

Es ist aber unzweckmäßig, den Begriff der Zulässigkeit, der bisher stets nur die formelle Seite von Rechtshandlungen betraf (vgl. etwa das Prozeßrecht) und in dieser Ausprägung gute Dienste geleistet hat, in bezug auf den Vertrag im Verwaltungsrecht zu verfälschen und auf die materielle Rechtmäßigkeit einer Regelung auszudehnen. Klarheit läßt sich nur gewinnen, wenn die beiden sehr verschiedenen Problemkreise des Verwaltungsvertrages auch begrifflich gesondert werden: Die Zulässigkeit bezieht sich allein darauf, ob die Vertrags*form* gestattet ist, oder ob ein VA ergehen muß. Eine Frage der Rechtmäßigkeit dagegen ist es, wie vertragliche Regelungen auszustatten sind, damit sie nicht gegen die Prinzipien des allgemeinen Verwaltungsrechts, gegen den Gleichheitsgrundsatz und andere Rechtsnormen verstoßen.

432. Freiheit der Handlungsformen

Es gibt kein Gesetz und keinen Rechtsgrundsatz, der (das) die Verwaltung auf die Handlungsform des VA beschränkt. Für die Vertragsform als solche auf einer normativen Ermächtigung zu bestehen, heißt nichts anderes als bewegungslos in dem Gedanken von gestern zu verharren, daß der Staat das Verhältnis zum Bürger stets einseitig bestimme. Der entschiedenen Kritik, die Laband schon vor nahezu einem Jahrhundert an derartigen Gedanken übte, ist nichts hinzuzufügen: „Sie verkümmern das Verwaltungsrecht und verkürzen den Reichtum seiner juristischen Formen, sie pressen alles in die Schablone des einseitigen Kreationsaktes ...[21]." Deshalb ist mit der h. M.[22] davon auszugehen, daß auch der Vertrag als Handlungsform öffentlicher Verwaltung grundsätzlich zugelassen ist. Man kann dies als den Grundsatz von der Freiheit der Handlungsformen bezeichnen.

433. Der Vorrang des Gesetzes

Bei jedem Verwaltungshandeln — gleich welcher Form — gilt das Gesetzmäßigkeitsprinzip, welches hier in seiner Ausprägung vom Vorrang des Gesetzes Bedeutung erlangt[23]. Die Derogationswirkung „aller Staatsakte in Gesetzesform gegenüber allen Akten einer niedrigeren Stufe der Normenhierarchie"[24] führt nämlich zur Unzulässigkeit und Unwirksamkeit aller Verträge, denen ein gesetzliches Verbot entgegensteht. So selbstverständlich diese Rechtsfolge, so schwierig ist der Tat-

---

[21] *Laband*, AöR Bd. 2, 159 f.
[22] Vgl. Fn. 17.
[23] Hier wird der Terminologie Jeschs gefolgt, der im Gesetzmäßigkeitsprinzip den Oberbegriff sieht, welcher seinerseits das Prinzip vom Vorrang des Gesetzes und vom Vorbehalt des Gesetzes umfaßt (vgl. *Jesch*, S. 29 ff.).
[24] *Jesch*, S. 29.

bestand, an den sie geknüpft ist: Was sind gesetzliche Verbote der Vertragsform?

4331. Das ausdrückliche gesetzliche Verbot

Nach einem wörtlichen Verbot des vertraglichen Handelns wird man im Verwaltungsrecht vergeblich suchen. Unmißverständliche gesetzliche Verbote des Vertrages liegen aber auch dort vor, wo der VA als Handlungsform ausdrücklich *geboten* ist. Das bekannteste Beispiel hierfür ist § 210 I AO[25]. Wo das Gesetz eine Regelung durch „Bescheid"[26], „Verwaltungsakt", „Verfügung" usw. vorschreibt, ist grundsätzlich für den Vertrag kein Raum.

4332. Der VA als Regelform
Gleichsetzung mit gesetzlichem Verbot des Vertrages?

In den meisten Fällen aber ist der Wortlaut des Gesetzes keineswegs so klar und eindeutig wie etwa § 210 I AO. Das Gesetz spricht häufig von „festsetzen" (z. B. § 8 III FStrG), „gewähren" (§ 21 BSHG, § 30 WohnGeldG), „Befreiung erteilen" (§ 31 BBauG), von „Bewilligung" und „Erlaubnis" (§ 8 FStrG, § 18 StraßenG Bad.Wttbg.). Häufig sind Widerrufsvorbehalt, Befristung, Auflage und Bedingung vorgesehen.

Alle diese Begriffe weisen auf den VA hin. Doch es ist hier scharf zu trennen zwischen dem gesetzlichen *Gebot* einerseits und einer nicht ganz passenden Terminologie andererseits, die lediglich auf die bisherige Auffassung vom VA als Regelform des Verwaltungshandelns zurückzuführen ist und keineswegs eine abschließende Regelung der Handlungsform bezweckt. Zwar gilt grundsätzlich der Primat des gesetzgeberischen Willens vor dogmatischen Lehren[27], aber dieser Wille des Gesetzes muß eben auch positiv zum Ausdruck kommen. Daß der Gesetzgeber bei der Formulierung zwar eine ganz bestimmte Handlungsform der Verwaltung im Auge hatte, diese aber nicht bindend vorschrieb, ist solange unschädlich, wie sich die von der Lehre nun angebotene Handlungsform nicht in Widerspruch zu den Zielen des Gesetzes stellt. Denn es ist

---

[25] Diese Vorschrift schreibt bindend vor, daß jedenfalls am Ende des Steuerfindungsverfahrens ein VA stehen muß. Vertragliche Einigungen wären also allenfalls in einem früheren Stadium zulässig. Auf das Sonderproblem, ob und inwieweit im Steuerrecht Verträge rechtmäßig sind, kann jedoch hier nicht im einzelnen eingegangen werden. Das BVerwG ist mit Recht sehr zurückhaltend: Vgl. etwa BVerwGE 8, 329 (zustimmend *Bachof*, Rspr. I, S. 106 Nr. A 10); ferner der Beschl. v. 23. 11. 1959 (VII B 81, 59) und das U. v. 12. 7. 1963 (VII C 27.62), Sammel- u. Nachschlagewerk d. Rspr. 401, 0 : 1 Nr. 2 u. Nr. 3; weitere Rspr. Nachweise bei *Schick*, S. 16, Fn. 2. Im übrigen wird auf die Darstellung von Schick und das dort zitierte einschlägige Schrifttum verwiesen.
[26] So z. B. § 18 Satz 4 und § 19 II Satz 3 GewO.
[27] *Beinhardt*, VerwArch. Bd. 55, 212.

nicht Wille des Gesetzes, die dogmatische Weiterentwicklung zu unterbinden. —

So ist etwa Ziel des Gesetzes in § 8 II FStrG nichts anderes, als eine zu weitgehende zeitliche Bindung der Straßenbaubehörde zu verhindern und in § 8 III FStrG soll lediglich die gesetzliche Grundlage für Gegenleistungen des Bürgers geschaffen werden. Es spricht aber nichts für die Annahme, daß das Gesetz etwa ausschließen will, daß die Sondernutzung nach § 8 FStrG durch sVV geregelt würde. Allerdings müßte der Vertrag eine Kündigungsmöglichkeit vorsehen — das entspräche Befristung bzw. Widerrufsvorbehalt — und der Bürger dürfte sich nur zu solchen Leistungen verpflichten, wie sie ihm durch Auflage und Bedingung auferlegt werden könnten[28]. — An diesem Beispiel wird deutlich, daß die Terminologie lediglich auf den Rückstand der dogmatischen Entwicklung zurückzuführen ist.

Anders verhält es sich dagegen bei § 210 I AO. Hier geht schon aus dem Wortlaut klar hervor, daß eine Verfahrensregelung gewollt ist, daß als Handlungsform nur der VA in Frage kommen soll. Auch Sinn und Zweck dieser Formvorschrift sind unmittelbar einsichtig: Rechtssicherheit durch unanfechtbare, bestandskräftige Verwaltungsakte, unproblematische Möglichkeiten der Vollstreckung, gleiche Form für jede Art der Steuerfestsetzung sind im Steuerrecht wesentlich.

Als Ergebnis ist somit festzuhalten, daß ein gesetzliches Verbot der Handlungsform des Vertrages nicht bereits darin gesehen werden kann, daß die Terminologie des Gesetzes von dem VA als der typischen Regelungsform ausgeht, sondern nur darin, daß das Gesetz den VA als Handlungsform ausdrücklich vorschreibt.

4333. Kein gesetzliches Verbot bei Rechtsfolgeermessen

Ist der Verwaltung ein Ermessen eingeräumt, zu entscheiden, ob bei Vorliegen eines bestimmten Sachverhalts überhaupt eine bestimmte Rechtsfolge eintreten soll, so ist dies als Indiz dafür zu werten, daß das Gesetz kein ausdrückliches Gebot des Handelns durch VA enthält. Denn wo das Gesetz den Verwaltungsbehörden die Entscheidung überläßt, ob sie überhaupt die im Gesetz vorgesehene Rechtsfolge herbeiführen wollen, räumt es der Zweckmäßigkeit im Einzelfall den Vorrang ein und will das Verwaltungshandeln nicht in eine einzige Form pressen.

---

[28] Das wären jedoch nicht mehr Fragen der Zulässigkeit, sondern Fragen der materiellen Rechtmäßigkeit des Vertrages.

44. Rechtmäßigkeit vertraglicher Regelungen

Während von Lehre und Rechtsprechung seit langem für die Beurteilung der Rechtmäßigkeit von VAen feste Grundsätze des unkodifizierten[29] allgemeinen Verwaltungsrechts herausgebildet wurden, konnte bislang keine Einigkeit in der Frage erzielt werden, nach welchen Maßstäben sich die Rechtmäßigkeit von subordinationsrechtlichen Verträgen richtet[30]. Zweifelhaft ist insbesondere, ob und inwieweit die für VAe entwickelten Grundsätze auf den sVV zu übertragen sind. —

Da die Rechtswidrigkeitsprobleme bei Austausch- und Vergleichsverträgen sehr unterschiedliche Schwerpunkte aufweisen, sind diese beiden Vertragtypen nunmehr getrennt zu betrachten.

441. Austauschverträge

Bei den Austauschverträgen stellen sich zwei verschiedene Problemkreise: Einerseits, was darf vom Bürger als vertragliche Leistung gefordert werden; andererseits, welche Leistung darf die Behörde vertraglich zusichern und gewähren.

4411. Leistung des Bürgers

44111. Prinzip vom Vorbehalt des Gesetzes

Bei der Leistung des Bürgers liegt das Kernproblem im Prinzip vom Vorbehalt des Gesetzes. Insbesondere stellt sich die Frage, ob und in welchen Grenzen gesetzlich nicht vorgesehene Leistungen des Bürgers vereinbart werden dürfen. — Ob die vertragliche Verpflichtungserklärung des Bürgers eine gesetzliche Ermächtigungsgrundlage zu ersetzen vermag, hängt letztlich davon ab, ob mit dem Rechtsinstitut des Vertrages auch die Vertragsfreiheit ins öffentliche Recht zu übernehmen ist.

44112. Rechtfertigung ungesetzlicher Leistungen
durch „volenti non fit iniuria"?

Vielfach wird die Ansicht vertreten, beim Austauschvertrag bestehe die Leistung des Bürgers gerade typischerweise in einer Verpflichtung die ihm mangels Rechtsgrundlage durch VA nicht auferlegt werden könne. Ausreichende Legitimation sei dann der Konsensus der Vertragspartner[31].

---

[29] Vgl. aber die gesetzliche Regelung durch das LVwG Schl.H. sowie den RegEVwVerfG.
[30] Zutreffend, aber nur von beschränktem Nutzen im Einzelfall ist die Feststellung des BVerwGE 23, 213 (216), die Rechtsgültigkeit richte sich nach der jeweiligen spezialgesetzlichen Regelung, dem Grundsatz der Gesetzmäßigkeit der Verwaltung, dem Vorbehalt des Gesetzes und dem Gleichheitssatz.
[31] z. B. EVwVerfG, S. 197; ebenso *Mörtel*, Bay. VBl. 1965, 218; *Schulze*, S. 20; vgl. auch *Salzwedel*, S. 130 und *Scheerbarth*, S. 141: Baudispens gegen Darlehensgewährung!

Dieser Ansicht, die letztlich als Rechtfertigung für die Erhebung von Leistungen allein auf den Grundsatz „volenti non fit iniuria" abstellen will, kann nicht gefolgt werden. Denn in einer Zeit der zunehmenden Durchnormierung aller Verwaltungsgebiete und der sprunghaft wachsenden Abhängigkeiten des Bürgers von staatlichen Leistungen und Gewährungen kann das Erfordernis der gesetzlichen Ermächtigung nicht mehr durch eine fragwürdig gewordene Willensübereinstimmung des Betroffenen ersetzt werden[32].

Der Satz „volenti non fit iniuria" hat heute als Rechtsgrundsatz keine überzeugende Aussagekraft mehr und trägt nur dazu bei, die wahren Probleme zu verschleiern. So ergeben sich beispielsweise die Beamtenpflichten unmittelbar aus dem Gesetz — genau wie die Beamtenrechte und die Voraussetzungen der Ernennung. Es trägt nur zur Verwirrung bei, wenn Forsthoff[33] zur Begründung dafür, daß die Beamtenanstellung im Hinblick auf die gesetzmäßige Freiheit ohne Bedenken sei, den Satz „volenti non fit iniuria" anführt. Diese zusätzliche Rechtfertigung beamtenrechtlicher Verpflichtungen ist überflüssig: Die Tatsache, daß besondere Gewaltverhältnisse — man denke nur an Schulpflicht oder Wehrpflicht — gerade auch ohne und gegen den Willen des Betroffenen begründet werden können, zeigt, daß es auf die Willensübereinstimmung gar nicht ankommt. Die Einwilligung des Betroffenen vermag für sich allein keine Eingriffe in die gesetzmäßige Freiheit zu rechtfertigen. Die Einwilligung erlangt nur dort Bedeutung, wo der Gesetzgeber sie zum Tatbestandsmerkmal erhoben hat; sie hat aber keineswegs die Kraft, ohne das Gesetz gleichsam Unrecht zu Recht zu machen[34].

Allerdings wird in der neueren Literatur[35] wieder die Gegenansicht mit unterschiedlicher Begründung vertreten. Bleckmann vertritt die Auffassung, der Vorbehalt erstrecke „sich nur auf das Handeln durch Zwang und Befehl"[36], weil die generelle Macht der Verwaltung beim Abschluß von Verträgen heute nicht so groß sei, daß eine generelle Schranke erforderlich sei. Dabei läßt er aber außer acht, daß der sVV ja gerade an die Stelle eines entsprechenden Verwaltungsaktes tritt (vgl. § 40 II EVwVerfG, § 50 RegE VwVerfG). Will man überhaupt die „generelle Macht der Verwaltung" als Maßstab dafür nehmen, wie weit der Vorbehalt des Gesetzes zu erstrecken sei, so müßte sich doch die

---

[32] So *Forsthoff*, DVBl. 1957, 725; *Bachof*, VVdStRL 12, 59; *Beinhardt*, VerwArch. Bd. 55, 224; *Stein*, AöR Bd. 86, 321 f.; *Rupp*, DVBl. 1959, 85; *Willigmann*, DVBl. 1963, 232; a. A. *Ringe*, DVBl. 1952, 462, der die Unterwerfung unter die Wohnungszwangsbewirtschaftung unter Bezug auf den Satz „volenti non fit iniuria" für zulässig hält.
[33] *Forsthoff*, LB I, S. 128.
[34] Ebenso *Willigmann*, DVBl. 1963, 232.
[35] *Bleckmann*, VerwArch. Bd. 63 (1972), 404; *Ihle*, Diss. 1972, S. 97 ff., 115 ff.
[36] *Bleckmann*, VerwArch. Bd. 63, 433.

Erkenntnis aufdrängen, daß die generelle Macht der Verwaltung nicht geringer wird durch die Möglichkeit, an Stelle des Verwaltungsaktes einen Vertrag zu schließen[37]!

Ein weiterer Versuch, die Verwaltung vom Vorbehalt des Gesetzes zu befreien, findet sich bei Ihle, nach dem eine Verletzung des Vorbehaltsgrundsatzes ausscheiden soll, „wenn sich der Verzicht des Betroffenen auf die Mittel-Zweck-Relation des Gesetzes bezieht, bezüglich dessen die Verwaltung eine Zweckmaximierung oder einen Mittelaustausch beabsichtigt"[38]. Soweit die Zweckbezogenheit der Leistung des Bürgers fraglich sei, gelte als Grundsatz: „wegen der Unmöglichkeit eindeutiger Falsifizierung der Zweckbezogenheit liegt diese vor[39]." Die Ansicht Ihles kommt einer weitgehenden Lösung vom Vorbehalt gleich, denn der Bürger soll darauf verzichten können, daß die Zwecke des Gesetzes mit den gesetzlich vorgesehenen Mitteln erfüllt werden. Die Verwaltung verfolgt aber stets Zwecke des Gesetzes und der Kern des Vorbehalts liegt gerade in dem Satz, daß die Zwecke des Gesetzes ausschließlich mit den gesetzlichen Mitteln erreicht werden dürfen. Wo soll der Vorbehalt noch wirken, wenn der Bürger auf die „Mittel-Zweck-Relation des Gesetzes" verzichten darf? Die Bedenken werden noch erheblich verstärkt durch die Tatsache, daß Ihle gleichzeitig das Verbot sachwidriger Koppelungen verwässert: Im Zweifel sei stets der Zweckzusammenhang gegeben[40]. Nur Überlegungen, die *eindeutig* (Hervorhebung bei Ihle) nichts mit dem Zweck des angewandten Gesetzes zu tun hätten, müsse die Verwaltung unberücksichtigt lassen[41]. Für einen so weitgehenden Verzicht auf den Gesetzesvorbehalt bedarf es in der Tat „konkreter Anhaltspunkte im Recht"[42]. Entgegen der Auffassung Ihles können aber solche Anhaltspunkte nicht aus der Tatsache gewonnen werden, daß der Betroffene durch ein Absehen von der Anfechtung die endgültige

---

[37] Bleckmann kann auch insoweit nicht gefolgt werden, als er behauptet, nach der Regelung des RegEVwVerfG werde die Verpflichtung des Bürgers vom Vorbehalt und Vorrang des Gesetzes weitgehend freigestellt, da die §§ 55 Abs. II Nr. 4 i. V. m. § 52 weder ausdrücklich noch stillschweigend auf diese Grundsätze verwiesen, sondern vielmehr eine selbständige, abschließende Regelung enthielten (S. 426). Eine derartige „Freistellung" von Verfassungsgrundsätzen wäre eine Neuheit: Unbeschadet der Berufung des Gesetzgebers zur Konkretisierung der Verfassung kann ein einfaches Gesetz nicht von Verfassungsgrundsätzen „freistellen" und schon gar nicht, indem es nichts weiter tut als — schweigt! Wer unbedingt in diesem Schweigen des Gesetzes, d. h. in dem fehlenden Verweis auf das Gesetzmäßigkeitsprinzip, einen Konflikt mit der Verfassung sehen will, der müßte die Konsequenzen so ziehen, daß er das Schweigen verfassungskonform auslegt und damit den Konflikt zugunsten des Verfassungsgrundsatzes löst!
[38] *Ihle*, S. 115 f.
[39] *Ihle*, S. 116.
[40] *Ihle*, S. 116.
[41] *Ihle*, S. 115.
[42] *Ihle*, S. 97.

Verbindlichkeit auch eines als rechtswidrig erkannten Bescheids herbeiführen könne[43]. Denn die Tatsache, daß die Anrufung der Gerichte grundsätzlich im Belieben des Bürgers steht, berührt die materielle Ordnung des Rechts nicht. Aus der Bestandskraft von Verwaltungsakten nach Ablauf der Anfechtungsfrist läßt sich nicht das mindeste für die Zulässigkeit von Verzichten auf ö.r. Grundsätze und Rechtspositionen ableiten. Das ergibt schon folgende Überlegung: Im Privatrecht gibt es keine Bestandskraft, also keine gleichsam zeitliche Beschränkung des Rechtsschutzes — doch privatrechtliche Rechtspositionen sind unbeschränkt verzichtbar. Im öffentlichen Recht dagegen ist der Rechtsschutz durch Fristablauf zeitlich begrenzt, doch steht — unabhängig von allen Streitfragen — soviel fest, daß ö.r. Rechtspositionen jedenfalls beschränkter verzichtbar sind als p.r.. Daraus folgt zwingend, daß die Verzichtbarkeit von Rechtspositionen von gänzlich anderen Gesichtspunkten abhängt als von der Frage, ob der Rechtsschutz an bestimmte Fristen gebunden ist. —

Es verbleibt also für *alle* Formen des Verwaltungshandelns in gleicher Weise bei dem Vorbehalt des Gesetzes. Wenn Bullinger und Pieper daraus die Konsequenz ziehen wollen, daß dann der Vertrag keinen Sinn neben dem VA habe[44], so ist ihnen entgegenzuhalten, daß die Zweckmäßigkeit des sVV als Handlungsform öffentlicher Verwaltung nicht auf der Möglichkeit beruht, ungesetzliche Leistungen zu erlangen, sondern auf seiner Elastizität, seiner Eignung zur Regelung komplizierter Dauerschuldverhältnisse[45] usw. —

Stellt man den Vorbehalt des Gesetzes in den Vordergrund und erklärt ihn für verbindlich für *jede* Form des Verwaltungshandelns, so bedeutet dies, daß gerade auch bei Verträgen der Gesetzesauslegung eine entscheidende Bedeutung zukommt. Diesen Gesichtspunkt hat das BVerwG in seiner aufsehenerregenden Entscheidung zur Zulässigkeit des vertraglichen Freibaus nach dem 1. Wohnungsbaugesetz[46] nicht ausreichend berücksichtigt. Sonst wäre das BVerwG sicher schon damals zu der Erkenntnis gelangt, daß der Wille des Gesetzes auch auf Zweckmäßigkeit und Praktikabilität gerichtet ist, und daß es deshalb notwendig sein kann, auf die Gesamttendenz eines Gesetzes zurückzugreifen und

---

[43] *Ihle*, S. 97 f.
[44] *Bullinger*, Vertrag, S. 256; *Pieper*, DVBl. 1967, 11.
[45] Wie wünschenswert der Vertrag als Handlungsform ist, wurde oben 3. dargelegt. Siehe auch unten 44113.: Will der Bürger, daß sich die Verwaltung zu einer bestimmten Ausübung ihres Ermessens verpflichtet, die ihm zwar faktisch günstig ist, aber nicht seine eigene Rechtsstellung regelt (z. B. Planungsentscheidung), so versagt hier der VA als Handlungsform. Nur der Verwaltungsvertrag führt zum Ziel — vgl. BGH DÖV 1972, 719. Zur Notwendigkeit des sVV im Subventionsrecht siehe unten 7.
[46] BVerwGE 4, 111. Vgl. vor allem die Kritik von *Bachof*, Rspr. I, S. 105 f., Nr. A 10.

von dieser her einzelne Bestimmungen ergänzend und berichtigend auszulegen[47].

In erfreulicher Klarheit kommt dies jedoch später in der Grundentscheidung des BVerwG zu den Garagen-Ablösungsverträgen zum Ausdruck[48]. Wenn dort das BVerwG zu der Auffassung gelangt, Garagen-Ablösungsverträge seien auch dann zulässig, wenn die Leistung des Bürgers zur Schaffung öffentlichen Parkraums verwendet wird, und eine formale Unterscheidung zwischen ruhendem und fließendem Verkehr sei heute kaum mehr möglich, so geht es wesentlich über den Wortlaut des § 2 RGaO hinaus. Entscheidend ist dabei, daß das BVerwG nicht auch nur ein Wort an den Satz „volenti non fit iniuria" verschwendet, sondern ausschließlich prüft, ob die Vereinbarung sich „noch im Rahmen der in der RGaO gezogenen gesetzlichen Schranken hält"[49], welche die „spezialrechtliche gesetzliche Grundlage"[50] darstelle. Begründet wird dies unter Hinweis auf die unmißverständliche Gesamttendenz des Gesetzes und auf die Notwendigkeit, dem „im Vorspruch zur RGaO umrissene(n) Hauptziel"[51] auch dort Geltung zu verschaffen, wo eine bloße Auslegung des Wortlauts infolge der heute völlig veränderten Lage zu unzweckmäßigen und vom Gesetz nicht gewollten Ergebnissen führen würde[52].

44113. Verhältnismäßigkeitsprinzip als Ausnahme vom Vorbehalt des Gesetzes

Unabhängig von der Tatsache, daß die Einwilligung des Betroffenen im öffentlichen Recht keine Eingriffe zu rechtfertigen vermag, kann aber der Vorbehalt des Gesetzes dort verdrängt werden, wo das Prinzip der Verhältnismäßigkeit vorgeht. Denn dieses Prinzip fordert, daß auch gesetzlich nicht ausdrücklich vorgesehene Pflichten des Bürgers be-

---

[47] Fest steht doch zumindest, daß schon nach dem 1. WoBauG der Wohnraumbeschaffung ein deutlicher Vorrang gegenüber der Wohnraumverteilung eingeräumt war. Damit sei nur *ein* Ansatzpunkt für eine Auslegung genannt, die aufgrund übergeordneter Gesichtspunkte über den Wortlaut der einzelnen Bestimmungen hinausgeht und so zu vernünftigen Ergebnissen gelangt.

[48] BVerwGE 23, 213, insbes. S. 218 ff.

[49] S. 218 f.

[50] S. 219 f.

[51] S. 219.

[52] In einem Punkt ist allerdings der Weg des BVerwGE 23, 213 nicht unbedenklich: Ist die RGaO spezialrechtliche Ermächtigungsgrundlage zur Erhebung von Ablösungssummen, so erfüllt der Bürger mit seiner Zahlung eine gesetzliche Verpflichtung. Hier hätte es einer Klarstellung bedurft, daß dennoch der Bürger keinen Anspruch darauf hat, sich durch Zahlung der Ablösungssumme von seiner Stellplatzpflicht zu befreien. Ob die Stellplatzpflicht abgelöst werden kann, muß in das pflichtgemäße Ermessen der Behörde gestellt bleiben — denn es sind Fälle denkbar (etwa in Altstadtgebieten), wo ausschließlich die tatsächliche Herstellung von Stellplätzen bauordnungsrechtlichen Belangen genügt.

gründet werden können, wenn nur dadurch zu vermeiden ist, daß dem Bürger eine ihn begünstigende Regelung ganz versagt werden muß[53]. Denn dem Bürger muß es in begrenztem Rahmen gestattet sein, durch seine Leistung dafür zu sorgen, daß die Voraussetzungen für eine von ihm erstrebte Begünstigung geschaffen werden.

Hierbei sind zwei Fälle zu unterscheiden:

(a) Die Leistung des Bürgers schafft die gesetzlich zwingend vorgeschriebenen Voraussetzungen der Begünstigung[54]. Dieser Fall ist unproblematisch: Art und Umfang der Leistung dürfen nicht anders beschaffen sein, als es zur Erfüllung des gesetzlichen Tatbestandes notwendig ist. Z. B.: Der Bürger übernimmt die Verpflichtung, die — wirklich erforderlichen — Geldmittel bzw. Grundstücke zu leisten, welche zur Erschließung notwendig sind, um so die Voraussetzung des § 35 I BBauG zu schaffen und eine Baugenehmigung gem. dieser Bestimmung zu erhalten[55].

(b) Die Leistung des Bürgers führt zu einer ihm günstigen Ermessensentscheidung (z. B. Dispensverträge). Da es im Rechtsstaat nur *pflichtgemäßes* Ermessen gibt[56] und die Ermessensnormen keinesfalls den Sinn haben, der Verwaltung zu ungesetzlichen Leistungen des Bürgers zu verhelfen, ist eine Leistung für begünstigende Ermessensentscheidungen nur zulässig, wenn ohne die Leistung die Begünstigung ermessenfehlerfrei hätte abgelehnt werden können[57]. Des weiteren aber sind Leistungen des Bürgers für im Ermessen der Behörde stehende Begünstigungen nur rechtmäßig, wenn Leistung

---

[53] *H. Krüger*, DVBl. 1955, 451; ebenso *Wolff*, VwR I, S. 358, der den Ausdruck „Übermaßverbot" verwendet. Vgl. auch *Götz*, JuS 1970, 5.

[54] Nach § 123 II i. V. m. § 107 LwVG Schl.H.; § 52 II i. V. m. § 32 RegEVw VerfG und *Wolff*, VwR I, S. 310 ist dies ausschließlich dann Rechtmäßigkeitsvoraussetzung, wenn der Bürger einen Anspruch auf die Leistung der Behörde hat. Diese Beschränkung ist nach den hier entwickelten Voraussetzungen überflüssig: Liegt einem Vertrag eine Norm zugrunde, bei welcher der Ermessensspielraum erst bei Vorliegen bestimmter gesetzlicher Voraus. eröffnet wird, so beurteilt sich die Frage, welche Leistung der Bürger erbringen darf, nach einer Kombination von (a) und (b): Der Bürger darf gem. (a) die gesetzlichen Voraus. des Ermessensspielraums schaffen und ferner gem. (b) auf die Ermessensentscheidung selbst Einfluß nehmen.

[55] Die Übernahme der Erschließungskosten durch Vertrag ist allerdings auch schon aus einem anderen Grunde rechtmäßig: § 123 III BBauG ist als Ermächtigungsnorm zu verstehen, nach welcher sich der Bürger zur Übernahme der Erschließung auf eigene Kosten verpflichten darf. (Vgl. hierzu *Ernst/Zinkahn/Bielenberg*, § 123 BBauG Rdn. 26 ff., insbes. Rdn. 29.)

[56] *Willigmann*, DVBl. 1963, 230.

[57] Daß die Leistung gerade einen Ablehnungsgrund ausräumen muß, bedarf keiner ausdrücklichen Erwähnung: Bezieht sich die Leistung nicht auf einen möglichen Ablehnungsgrund, so bestand entweder schon ein Anspruch wegen Ermessensreduzierung auf Null oder es fehlt der unmittelbare Zweckzusammenhang.

und Gegenleistung in unmittelbarem sachlichen Zweckzusammenhang stehen[58].

Zu klären ist nun noch, was unter einer dem Bürger günstigen Ermessensentscheidung zu verstehen ist: Umfaßt der Begriff hier ausschließlich rechtliche Regelungen, deren Adressat der Bürger selbst ist — oder auch jede andere Entscheidung, bei welcher der Träger öffentlicher Verwaltung Ermessen ausüben kann, sei es nun Planungsermessen oder schlichtes Verwaltungsermessen? Auf die Aktualität dieser Fragestellung weist der Sachverhalt hin, welcher dem Urteil des BGH vom 31.1.1972[59] zugrunde lag: Der Baubewerber verpflichtete sich gegenüber der Gemeinde zur Zahlung eines verlorenen Zuschusses, damit diese in Änderung ihrer Planung den Entwässerungskanal zum Baugrundstück früher als vorgesehen verlegte (Beispiel 1).

Noch deutlicher wird die Problematik in folgendem konstruierten Fall: Die Gemeinde hat für 1973 den Bau zweier Kindergärten, für 1975 die Erstellung eines Hallenbades geplant. Nachdem der örtliche Schwimmverein und einige Privatinteressenten sich zur Zahlung eines verlorenen Zuschusses zum Bau des Hallenbades verpflichtet haben, ändert die Gemeinde die Planung: Das Hallenbad wird 1973, die Kindergärten werden 1975 gebaut (Beispiel 2).

In beiden Fällen steht die Leistung zweifellos in unmittelbarem Zweckzusammenhang mit der Verwaltungsmaßnahme, in beiden Fällen dient die Leistung zur Herbeiführung einer Begünstigung des Leistenden, zu welcher es ohne Ermessensfehler der Verwaltung sonst nicht gekommen wäre. Aber so wünschenswert die Erschließung neuer Geldquellen angesichts der ständigen Finanzmisere der Kommunen sein mag, so schwerwiegend sind hier auch die rechtsstaatlichen Bedenken: Verträge wie im Beispiel 2 können letztlich dazu führen, daß das Planungsermessen käuflich wird. Die finanziellen Gesichtspunkte verdrängen soziale, städtebauliche und andere Erwägungen. Was eine Interessengruppe begünstigt, wirkt für die andere belastend. Die finanziell Schwachen aber haben keine Möglichkeit, an dieser Form der legalisierten Bestechung der Kommunen teilzunehmen und ihre Interessen durchzusetzen.

Da Gegenstand dieser Planungsentscheidung nicht mehr die Regelung der Rechtsstellung eines Bürgers ist, sondern diese Art von Ermessensentscheidung die Allgemeinheit betrifft und lediglich ihre faktischen Auswirkungen eine für den einzelnen erstrebenswerte Be-

---

[58] So im Ergebnis auch *Wolff*, VwR I, S. 310. Bzgl. des Verbots sachwidriger Koppelungen offenbar großzügiger: § 123 I LVwG Schl.H. u. § 52 I RegEVw VerfG.
[59] DÖV 1972, 719. Eine Sachentscheidung steht noch aus. Der BGH verneinte den Zivilrechtsweg und verwies an das zuständige VG.

günstigung darstellen können, greift hier auch das Verhältnismäßigkeitsprinzip nicht mehr ein: Nur wo der Bürger unmittelbar in seinen *Rechten* betroffen wird, fordert das Übermaßverbot, daß er durch seine Leistung die Versagung der begünstigenden Regelung verhindern darf.

Andererseits ist die Planung einer Gemeinde so offensichtlich nicht nur von öffentlichen, sondern auch von privaten Zuschüssen mitbestimmt, sind die Gefahren der Einflußnahme Privater nicht von den positiven Aspekten der Privatinitiative und Spendenbereitschaft zu trennen, daß ein kategorisches Nein der Rechtswissenschaft zu derartigen Planungsverträgen an einer Problemlösung vorbeiginge.

Die Ansatzpunkte für eine Lösung müssen jedoch nicht beim subordinationsrechtlichen, sondern beim koordinationsrechtlichen Verwaltungsvertrag (kVV) gesucht werden[60]. Denn das Subordinationsverhältnis ist gekennzeichnet durch die Kompetenz der Verwaltung, die Rechtsstellung des Bürgers einseitig verbindlich zu regeln. Deshalb kann, wo eine Entscheidung die *Rechts*stellung des Bürgers gar nicht berührt, (sondern lediglich seine Interessen als Glied der Allgemeinheit), diese Entscheidung auch keinem zugrunde liegenden Subordinationsverhältnis entspringen. Also bewegen sich Verwaltung und Bürger auf der Ebene freier Koordination, wenn der Bürger beschließt, auf eine Ermessensentscheidung Einfluß zu nehmen, die keine Regelung seiner eigenen Rechte enthält.

Ist aber der Vertrag koordinationsrechtlich, so müssen wesentlich andere Maßstäbe für seine Rechtmäßigkeit gelten als beim sVV: Es ist kein Raum für das Prinzip vom Vorbehalt des Gesetzes, da dieses nur im Bereich staatlicher Machtbefugnisse gegenüber dem Bürger wirkt, auf Verträge also nur dort Anwendung findet, wo diese VAe ersetzen und im Schatten einseitig verbindlicher Regelungskompetenz geschlossen werden. Im Verhältnis freier Gleichordnung vermag allein der Wille die Leistung zu rechtfertigen.

Der Problemschwerpunkt liegt also hier nicht mehr beim Schutze des Bürgers gegen unzulässige Leistungsforderungen, sondern bei der Gegenleistung der Verwaltung: Die Allgemeinheit muß davor geschützt werden, daß sich die Verwaltung zu einer bestimmten Ausübung ihres Planungsermessens verpflichtet und dabei rechtsstaatlichen Verwaltungsgrundsätzen zuwiderhandelt. Die Rechtmäßigkeit einer derartigen Verpflichtung muß unter Berücksichtigung aller Umstände des Einzelfalles nach einer Abwägung der finanziellen Vorteile mit den zurückgedrängten anderen sachlichen Gesichtspunkten beurteilt werden: So könnte sich in Beispiel 2 im Hinblick auf das Sozialstaatsprinzip etwa

---

[60] Damit greift das Problem über das Thema der Arbeit hinaus. Ein möglicher Lösungsweg kann hier nur in groben Zügen aufgezeigt werden.

ein Ermessensfehler daraus ergeben, daß der Zuschuß zum Bau des Schwimmbades nur 5 % der Baukosten beträgt, in der Nachbargemeinde ein günstig zu erreichendes Bad zur Verfügung steht, die Kindergärten aber anderweitig auch nicht vorübergehend untergebracht werden können usw.[61].

Auch in Beispiel 1 greift das Verhältnismäßigkeitsprinzip zur Rechtfertigung der Leistung des Bürgers nicht ein. Jedoch kommt hier als gesetzliche Grundlage § 123 III BBauG in Frage. Der Schluß a maiore ad minus wird gestattet sein: Darf der Bürger nach dieser Vorschrift die Herstellung von Erschließungsanlagen in eigener Regie und auf eigene Kosten übernehmen[62], so wird er auch einen Zuschuß leisten dürfen zu von der Gemeinde hergestellten Anlagen. Den Vertrag wird man daher wohl für rechtmäßig ansehen müssen[63].

Zusammenfassend ist also festzustellen: Die Leistung des Bürgers ist nur rechtmäßig, wenn

— eine gesetzliche Grundlage für die Leistungsverpflichtung besteht oder

— die Leistung die gesetzlich zwingend vorgeschriebenen Voraussetzungen einer Begünstigung schafft oder

— die Gegenleistung der Behörde in einer Ermessenregelung besteht, die ohne die Leistung ermessensfehlerfrei hätte abgelehnt werden können.

Bei kVV genügt der freie Wille des Bürgers zur Rechtfertigung der Leistung. Der Vorbehalt des Gesetzes hat dort keine Geltung.

44114. Das Verbot sachwidriger Koppelung

Das Verbot sachwidriger Koppelung ergänzt den Vorbehalt des Gesetzes und soll den Bürger dagegen schützen, daß der Staat sein auf zahlreichen Gebieten bestehendes Leistungsmonopol dazu mißbraucht, vom Bürger unzulässige Gegenleistungen zu erlangen. Schon dieser Grundgedanke zeigt, daß das „Bezüglichkeitsgebot"[64] unabhängig von

---

[61] Da Dritte keine Klagebefugnis gegen derartige Verträge haben, ist allerdings fraglich wie hier eine wirksame Kontrolle ermöglicht werden kann. De lege ferenda ist bei Planungsverträgen das gesetzliche Erfordernis einer Genehmigung durch die Rechtsaufsichtsbehörde zu fordern. Im übrigen muß sich im Rahmen dieser Arbeit die Erörterung auf die aufgezeigten Gesichtspunkte beschränken.

[62] *Ernst/Zinkahn/Bielenberg*, § 123 BBauG Rdn. 29.

[63] Insbesondere ist, auch was die Gegenleistung der Gemeinde betrifft, bei der Planungsänderung ein Ermessensfehler nicht ersichtlich. — Die Lösung dieses Falles kann jedoch hier nicht vertieft werden — dazu reichte auch die allzu knappe Wiedergabe des Sachverhalts in DÖV 1972, 719 nicht aus.

[64] So *Wolff*, VwR I, S. 310.

der Rechtsform der staatlichen Leistungsgewährung gelten muß, ja, daß es bei vertraglichem Handeln sogar besondere Bedeutung hat[65]. Deshalb ist bei Austauschverträgen stets ein *unmittelbarer* sachlicher Zweckzusammenhang zwischen Leistung und Gegenleistung[66] Rechtmäßigkeitsvoraussetzung.

4412. Die Leistung der Behörde
Bindung an das Gesetzmäßigkeitsprinzip

Die Frage nach der Rechtmäßigkeit von Leistungen der Behörden ist unproblematisch, wenn ein bestimmter Bereich staatlicher Leistungen eine abschließende gesetzliche Normierung gefunden hat (z. B. Lastenausgleich, Wiedergutmachung, Kriegsopferversorgung usw.). Hier richtet sich die behördliche Leistung in allem nach der gesetzlichen Regelung, zu welcher sie nicht in Widerspruch treten darf. Aber trotz einer zunehmenden Tendenz zu gesetzlichen Normierungen — vor allem bei Leistungen von gesamtgesellschaftlicher Bedeutung[67] — entbehren auch heute noch zahlreiche Leistungen des Staates, insbesondere im Subven-

---

[65] a. A. *Salzwedel*, S. 49: Wegen der vertraglichen Gleichordnung seien Leistungen auch ohne jeden inneren sachlichen Zusammenhang zulässig. Ähnlich *Scheerbarth*, S. 143.

[66] So im Ergebnis auch *Willigmann*, DVBl. 1963, 230. Vgl. ferner Fn. 48. — Zu weitgehend BGH, DVBl. 1967, 36: Zwischen der Baugenehmigung für Mehrfamilienhäuser und den Aufwendungen für Schulen besteht eben nur ein *mittelbarer* Zusammenhang! Ablehnend auch die Anmerkung von *Tittel*, DVBl. 1967, 38. Vgl. auch die entgegengesetzte Entscheidung BVerwGE 22, 138. Allerdings hat sich nunmehr das BVerwG im U. v. 6. 7. 1973, DÖV 1973, 709 über die Rechtmäßigkeit eines Folgekostenvertrages (im einzelnen zu Folgekostenverträgen: *Rebhan*, S. 298 ff., 316 ff.; zur gesetzlichen Regelung der Folgekosten in § 9 Schl. H. KAG [GVBl. 1970, S. 44] vgl. OVG Lüneburg, DVBl. 1972, 897 u. BVerwVBl. Bay. VBl. 1974, 659) zu einer großzügigeren Auslegung des Koppelungsverbots entschieden: Es läßt einen „inneren Zusammenhang" genügen, den es ohne Begründung bejaht und will das Koppelungsverbot nur eingreifen lassen, „wenn der Hoheitsakt gleichsam als Ware erscheint" deren Verkauf sich „überdies mit einer ungerechtfertigten wirtschaftlichen Bereicherung verbindet". (S. 711.) Diese Kriterien sind unscharf und verwässern das Koppelungsverbot. — Zu eng ist andererseits die Auffassung von *v. Campenhausen*, DÖV 1967, 667, der die Befreiung von der Stellplatzpflicht nach der RGaO gegen zweckgebundene Geldleistungen für eine rechtswidrige Koppelung hält und sich damit gegen BVerwGE 23, 213 wendet. Die Unterscheidung zwischen „Recht des Einzelbaus" (RGaO) und dem „Problem der Finanzierung öffentlicher Parkflächen" ist zu formal: Wie sich schon aus der Präambel der RGaO ergibt, ist sachl. Zweck der Stellplatzpflicht die Entlastung der öffentlichen Verkehrsflächen vom ruhenden Verkehr. Genau dieser Zweck wird aber verfolgt und erreicht, wenn mit Hilfe der Ablösungsbeträge zusätzlicher Parkraum geschaffen werden kann. — Im einzelnen zum Problem des Zweckzusammenhangs: *Dombrowski*, S. 33 ff. Vgl. ferner: *Menger*, VerwArch. Bd. 64, 203 - 208; Bay. VGH, Bay. VBl. 1974, 159.

[67] Man denke nur an das Bundesausbildungsförderungsgesetz von 1971. Vor seinem Inkrafttreten beruhte etwa die Studentenförderung nach dem sog. Honnefer Modell lediglich auf Verwaltungsvorschriften und der Mittelzuweisung im Haushaltsplan.

tionsrecht, der gesetzlichen Grundlage[68]. Hier stellt sich dann die Frage nach dem Vorbehalt des Gesetzes in der Leistungsverwaltung, nach der Notwendigkeit gesetzlicher Ermächtigung für staatliche Leistungen. Da es für die Frage nach Inhalt und Umfang des Vorbehalts ohne Bedeutung ist, in welcher Rechtsform staatliche Leistungen gewährt werden[69], kann bezüglich vertraglicher Leistungen der Verwaltung dem allgemeinen Grundsatz gefolgt werden, daß eine parlamentarische Willensäußerung, wie etwa Bereitstellung von Mitteln im Haushaltsplan, Leistungen der Verwaltung hinreichend legitimiert[70].

Im Ergebnis bleibt festzuhalten, daß der vertraglich zugesicherten Leistung der Verwaltung in keiner Hinsicht eine Sonderstellung zukommt: Sie muß in jeder Beziehung nach den gesetzlichen Regelungen und nach den Grundsätzen des allgemeinen Verwaltungsrechts auf ihre Rechtmäßigkeit überprüft werden.

442. Vergleichsverträge

4421. Einbeziehung des Prozeßvergleichs

Eine Betrachtung der Zulässigkeit von Vergleichsverträgen wäre unvollständig, wenn der gesetzlich geregelte Spezialfall des Prozeßvergleichs (§ 106 VwGO) übergangen würde. Denn der Vergleich im Verwaltungsprozeß hat nach h. M. eine Doppelnatur[71], ist also sowohl materiellrechtlicher Vergleichsvertrag als auch prozeßrechtliches Rechtsgeschäft.

Diese notwendige thematische und gedankliche Verknüpfung des Vergleichs im Verwaltungsprozeß mit dem Vergleich im Verwaltungsverfahren darf jedoch nicht zu dem Fehlschluß führen, die materiellrechtliche Komponente lasse sich ohne Schaden aus dem Prozeßver-

---

[68] Vgl. hierzu *Jesch*, S. 178 ff.; *Ipsen*, Fschr. f. Wacke, S. 139: „Der Haushalt ist zum Vehikel des Subventionswesens geworden."

[69] *Jesch*, S. 183; ähnlich schon *Bachof*, VVdStRL 12, 62.

[70] BVerwGE 6, 282 (287) und *Wolff*, VwR I, S. 310. *Bachof*, VVdStRL 12, 63 weist darauf hin, daß auch Rechts- und Sozialstaatsprinzip als Ermächtigung und maßstäbliche Begrenzung erachtet werden können. — Allein das Sozialstaatsprinzip und die Ressortzuständigkeit läßt BVerwG DÖV 1959, 706 (708) genügen. Die Ausführungen wirken jedoch insgesamt unscharf, weil Rechtmäßigkeit staatlicher Leistungen, Vertrauensschutz des Bürgers und schließlich Rechtmäßigkeit von Vergleichsverträgen nicht klar genug unterschieden werden. —
Auf das allgemeine Problem des Gesetzesvorbehalts in der Leistungsverwaltung kann hier nicht im einzelnen eingegangen werden. Vgl. aber *Jesch*, S. 175 ff. Eine gesetzliche Ermächtigung für Subventionen fordert *Vogel*, VVdStRL 24, 155.

[71] z. B. *Redeker/v. Oertzen*, § 106 Rdn. 2; *Eyermann/Fröhler*, § 106 Rdn. 1 m. w. Nw.; *Bisek*, S. 59; a. A. *Ule*, LB S. 184.

gleich herauslösen und nahtlos in eine allgemeine, nicht differenzierende Betrachtung der Zulässigkeitsgrenzen von Vergleichsverträgen einfügen[72].

Vielmehr bedingen die jeweils anders geartete Ausgangssituation, die jeweils anderen Prinzipien im Verwaltungsprozeß und im Verwaltungsverfahren[73] erhebliche Unterschiede in den Voraussetzungen eines Vergleichs[74].

4422. Zulässigkeit des Prozeßvergleichs

44221. Die Verfügungsbefugnis als zentrales Problem

Die zentralen Probleme der Zulässigkeit des Prozeßvergleichs kreisen um den Begriff der Verfügungsbefugnis. Das „Verfügen können" in den gesetzlichen Regelungen der §§ 106 VwGO, 101 I SGG muß sich auf die materiell-rechtliche Befugnis beziehen[75], denn nur so wird die einschränkende Formulierung („soweit ...") sinnvoll: Durch das materielle Recht erfährt der im Verwaltungsprozeß geltende Verfügungsgrundsatz[76] eine gewisse Einengung. Die Spannung zwischen dem praktischen Bedürfnis nach weitgehender Zulassung des Prozeßvergleichs und der Bindung allen Verwaltungshandelns an Gesetz und Recht ist also letztlich schon in der gesetzlichen Regelung angelegt.

44222. Die Rechtsprechung

Die Rechtsprechung hatte anfangs das Gesetzmäßigkeitsprinzip in den Vordergrund gestellt. In seinem Urteil vom 25. 10. 1956[77] hatte das BSG betont, daß die Verwaltung auch im Vergleichswege keine Leistungen gewähren kann, „ohne daß die gesetzlichen Voraussetzungen vorliegen"[78]. Auch das BVerwG hielt sich zunächst noch relativ eng an das Gesetzmäßigkeitsprinzip: Ein Vergleich dürfe „nicht gegen zwingende gesetzliche Vorschriften verstoßen und auch nicht überwiegende öffent-

---

[72] So aber z. B. *Schröder*, S. 125, der die Probleme des Prozeßvergleichs als Sonderform des öffentl.-rechtl. Vertrages für identisch hält mit den Problemen des normalen öffentl.-rechtl. Vertrages. Ebenso offenbar *Redeker/v. Oertzen*, § 106 Rdn. 2. Zur Kritik dieser Meinung siehe unten 4423.
[73] Dazu unten 44231.
[74] Vereinfachend aber *Bisek*, S. 59, der aus der Doppelnatur des Prozeßvergleichs auf die grundsätzliche Zulässigkeit verwaltungsrechtl. Vergleichsverträge schließt und bei den Zulässigkeitsgrenzen keinerlei Differenzierung vornimmt.
[75] Vgl. hierzu BVerwGE 17, 83 (94): Daß die Behörde eine Verfügungsbefugnis zum Abschluß von Vergleichen habe, sei Folge der Rechtstatsache, daß sie ihr „primär" außerhalb des Gerichtsverfahrens zustehe.
[76] h. M., vgl. z. B. *Ule*, LB, S. 102: Die Parteien haben die „Herrschaft über den Streitgegenstand und damit über das Verfahren als Ganzes". Ebenso *Schröder*, S. 148.
[77] BSGE 4, 31.
[78] BSGE 4, 31 (34); ebenso noch BSGE 16, 61 (62 f.).

44. Rechtmäßigkeit vertraglicher Regelungen

liche Interessen verletzen"[79], allerdings seien die Behörden zu Vereinbarungen grundsätzlich berechtigt, soweit ihnen ein Ermessensspielraum eingeräumt sei[80].

Die entscheidende Wende zu einer überaus vergleichsfreundlichen Rechtsprechung vollzieht das BVerwG in seinem Urteil vom 28. 3. 1962[81]: Der Grundsatz, daß durch einen Vergleich nicht gegen zwingende gesetzliche Vorschriften verstoßen werden dürfe, schließe nicht aus, „daß Meinungsverschiedenheiten, die in der Frage des Bestehens eines Rechtsverhältnisses oder der sich daraus ergebenden Ansprüche und Verpflichtungen hervorgetreten sind, durch eine vergleichsweise Regelung beigelegt werden können". Insbesondere engt das BVerwG die Verfügungsbefugnis darauf ein, „daß die vergleichsschließende Behörde formell befugt sein muß, einen dem Vergleich entsprechenden VA zu erlassen"[82]. Das Urteil des BVerwG vom 29. 10. 1963[83] folgt im wesentlichen diesen Grundsätzen, bringt aber im übrigen Verwirrung in die Materie, da es selbst gar nicht mit einem Vergleich befaßt ist und überflüssigerweise die Verfügungsbefugnis zur selbständigen „Rechtsfigur"[84] neben Ermessen und Beurteilungsspielraum aufbereitet[85].

Noch weiter als das BVerwG versteht heute das BSG die Verfügungsbefugnis: Sie sei immer dann gegeben, wenn ein dem Vergleich entsprechender VA — unbeschadet seiner möglichen Rechtswidrigkeit — rechtswirksam gewesen wäre[86].

Die Rechtsprechung ist also heute grundsätzlich vergleichsfreundlich und stellt lediglich zwei notwendige — aber auch ausreichende — Voraussetzungen für die Wirksamkeit von Prozeßvergleichen auf. Erstens: Die vergleichschließende Behörde muß sachlich und örtlich zuständig

---

[79] BVerwG U. v. 27. 9. 1961, GewArch. 1962, 68 (69).
[80] Ähnlich der Bay. VGH, Bay. VBl. 1962, 284 (285): Ein „gewisser Spielraum für die Entscheidung" sei erforderlich, könne jedoch daraus abgeleitet werden, daß der Ausgang des Rechtsstreits offen war.
[81] BVerwGE 14, 103.
[82] BVerwGE 14, 103 (105). Da eine derartige Bestimmung der Verfügungsbefugnis bei vielen Leistungsklagen leerlaufen kann, hätte das BVerwG statt auf die „formelle Befugnis zum Erlaß eines VA" allerdings besser ganz allgemein auf die örtl. und sachl. Zuständigkeit abstellen sollen, die ja auch bei schlichtem Verwaltungshandeln maßgeblich ist.
[83] BVerwGE 17, 83 (87).
[84] BVerwGE 17, 83 (93).
[85] Überzeugend die Kritik von *Bachof*, Rspr. II, S. 263, Nr. B 274.
[86] BSGE 26, 210 (211) und BSG, NJW 1968, 176; ebenso *v. Zastrow*, JR 1967, 6 f.; ähnlich *Löwer*, VerwArch. Bd. 56, 153. — Weiter ist diese Auffassung insofern, als ja nicht jeder Zuständigkeitsmangel zur Nichtigkeit eines VA führt und das BVerwG mit der „formellen Befugnis" immerhin an der Zuständigkeit festhält. — Zur Kritik dieser Meinung vgl. *Finke*, JR 1967, 294, der Vergleiche nur bei Ermessens- und Beurteilungsspielraum zulassen will.

sein[87]. Zweitens: Überwiegende öffentliche Interessen dürfen nicht verletzt werden[88].

44223. Das Schrifttum — kurzer Überblick

Im Schrifttum werden an die Zulässigkeit von Prozeßvergleichen zum Teil wesentlich schärfere Maßstäbe angelegt. Um die Eigenart zulässiger Vergleiche herauszuschälen, wird nach den unterschiedlichsten Kriterien differenziert.

Mellwitz[89] unterscheidet nach den tatsächlichen und den rechtlichen Voraussetzungen eines Anspruchs und will Vergleiche ausschließlich bei Zweifeln über die ersteren zulassen. Krebs[90] hält nur die Höhe eines geltend gemachten Anspruchs, nicht dagegen den Grund einer vergleichsweisen Regelung für zugänglich, während Haueisen Vergleichsverträge auf atypische Fälle beschränken wollte, welche er den „Normfällen" gegenüberstellte[91], in welchen eine gerichtliche Entscheidung herbeizuführen sei[92]. Eine verbreitete Meinung schließlich will Prozeßvergleiche nur im Bereich der Ermessensverwaltung zulassen[93]. Vergleiche in gesetzlich zwingend geregelte Verwaltungsangelegenheiten seien stets contra legem[94].

44224. Eigene Stellungnahme

Im Ergebnis ist der Auffassung des BVerwG zuzustimmen, welche im Gegensatz zu den einengenden Literatur-Meinungen auch die praktischen Gesichtspunkte berücksichtigt und der Bedeutung des Rechtsfriedens Rechnung trägt. Daß diese Rechtsprechung im Schrifttum so

---

[87] BVerwGE 14, 103 (105).

[88] BVerwGE 14, 103 (105 f.); 17, 83 (87 u. 94); zust. *Bachof*, Rspr. II, S. 263, Nr. B 274.

[89] DVBl. 1962, 603; auch *Beinhardt*, VerwArch. Bd. 55, 230, will einen Vergleich nur bei einem Streit um tatsächliche, nicht dagegen um rechtliche Fragen zulassen. Ebenso *Linn*, DVBl. 1956, 851, Fn. 95; *Ule/Becker*, S. 67; in dieser Richtung wohl auch OVG Münster, VwRspr. 4, 886; a. A. z. B. *Gützkow*, DÖV 1966, 555 u. BVerwG, DVBl. 1962, 600.

[90] SozVuArbR 1963, 87 f.

[91] *Haueisen*, DVBl. 1961, 837.

[92] *Haueisen* hat sich allerdings in DVBl. 1968, 285 (287) der vergleichsfreundlichen Rspr. angeschlossen mit ausdrücklichem Hinweis auf BVerwGE 14, 103; 17, 83; BSGE 26, 210; BSG NJW 1968, 176.

[93] z. B. *Barth*, NJW 1961, 1605; *Koehler*, § 106 Anm. II 3; weitere Lit. Nw. bei *Bisek*, S. 65, Fn. 265; ohne klare Festlegung: *Schunck/De Clerk*, § 106 Anm. 2 f. Vgl. im übrigen Fn. 84.

[94] So ausdrücklich *Bullinger*, Ged. Schr., S. 675. Eine ausführliche Darstellung und Kritik der verschiedenen Meinungen im Schrifttum findet sich bei *Schröder*, S. 52 ff. Schröder selbt schränkt die Zulässigkeit des Prozeßvergleichs wohl am weitesten ein: Er fordert für den subordinationsrechtlichen Vergleich eine besondere Ermächtigungsnorm (S. 207 f.). Gesetzwidrige Vergleiche seien nichtig (S. 87 u. S. 208).

44. Rechtmäßigkeit vertraglicher Regelungen

wenig Zustimmung fand, ist sicher z. T. darauf zurückzuführen, daß sich das BVerwG nicht der Mühe unterzogen hat, sein Ergebnis überzeugend zu begründen. Das BVerwG beschränkt sich auf die schlichte Ausführung: „Jedoch müssen die Parteien über den Gegenstand der Klage verfügen können. Das bedeutet, daß die vergleichschließende Behörde formell befugt sein muß, einen dem Vergleich entsprechenden VA zu erlassen[95]."

Das BSG begründet zwar sein Ergebnis, daß alle Prozeßvergleiche wirksam seien, sofern nicht ein entsprechender VA nichtig wäre; doch die Begründung für diese Auffassung, welche den eindeutig einschränkenden letzten Halbsatz der gesetzlichen Regelung[96] gänzlich ins Leere stoßen läßt, kann wenig Sympathien erzeugen und wirkt sophistisch: Verfügen „können" sei etwas anderes als verfügen „dürfen". Rechtswidrige Verträge seien ebenso wirksam wie rechtswidrige Verwaltungsakte. Es stelle sich deshalb nur die Frage der Nichtigkeit[97].

Des weiteren wurzeln die Vorbehalte im Schrifttum gegenüber einer großzügigen Handhabung der Prozeßvergleiche in der Befürchtung, infolge der breiten Zulässigkeit des Vergleichs im Verwaltungsprozeß könnten die Dämme brechen und eine Flut von — rechtswidrigen — Vergleichsregelungen auch das Verwaltungsverfahren überschwemmen. Bei der in der Literatur nahezu einstimmig angenommenen Grundthese, daß der Vergleich im Prozeß und im Verwaltungsverfahren eben denselben Zulässigkeitsvoraussetzungen unterworfen sei[98], ist diese Befürchtung nur zu verständlich: Mit Amtsermittlung und Gesetzmäßigkeit der Verwaltung wäre es nicht mehr weit her, wenn sich jede örtlich und sachlich zuständige Behörde, wann immer sie wollte, mit dem Bürger schon im Verwaltungsverfahren vergleichen könnte.

Daher gilt es zu zeigen, daß das Ergebnis des BVerwG zwar richtig ist und sich auch annehmbar begründen läßt[99], daß aber für den Vergleich im Verwaltungsverfahren andere und strengere Grundsätze maßgebend sein müssen.

---
[95] BVerwGE 14, 103 (105).
[96] § 101 I SGG, letzter Halbsatz: „soweit ..."
[97] BSGE 26, 210 (211) und BSG, NJW 1968, 176; kritisch: *Finke*, JR 1967, 293. Wie das BSG auch OVG Münster, DVBl. 1973, 696 für einen außergerichtlichen Vergleichsvertrag.
[98] So ausdrücklich *Schröder*, S. 125 und EVwVerfG, S. 196; *Bisek*, S. 65. Im übrigen wird in der Literatur ohne Modifizierung auf das Recht des ö.r. Vertrages hingewiesen, das für den Prozeßvergleich in materieller Hinsicht gelte. z. B. *Löwer*, VerwArch. Bd. 56, S. 146 m. w. Nw.; *Mellwitz*, DVBl. 1962, 601 f.; *Redeker/v. Oertzen*, § 106 Rdn. 2; wohl auch *Haueisen*, DVBl. 1968, 285.
[99] Da es hier um die positive Begründung eines feststehenden Ergebnisses geht, wäre es wenig sinnvoll, die Vielzahl der Lit. Meinungen einzeln widerlegen zu wollen. Die Auseinandersetzung mit der Lit. geschieht daher im folgenden nur insoweit, als es um Grundtendenzen geht, zu denen sich der Verf. in Gegensatz stellt.

4. Zulässigkeitsgrenzen des sVV

Gesetzmäßigkeitsprinzip und Prozeßvergleich

Gemäß Art. 20 III GG ist die Verwaltung an Gesetz und Recht gebunden. Die Bindung an diesen Verfassungsgrundsatz gilt für jegliches Handeln der Verwaltung und bleibt grundsätzlich auch dann gewahrt, wenn die Verwaltung Prozesse führt[100]. Da aber andererseits im Verwaltungsprozeß der Verfügungsgrundsatz gilt[101], die Parteien also die Herrschaft haben über den Streitgegenstand und das Verfahren als Ganzes, ist es zutreffend, daß „die entscheidende Funktion der einschränkenden Halbsätze in §§ 106 VwGO, 101 I SGG darin gesehen wird, die Verbindung zwischen materiell-rechtlicher Gestaltungsbefugnis und prozessualer Verfügungsfreiheit herzustellen"[102]. Der weitergehende Schluß, daß damit über die Zulässigkeit von Prozeßvergleichen nach den materiell-rechtlichen Grundsätzen über den sVV und das heißt nach dem Gesetzmäßigkeitsprinzip zu entscheiden sei, ist jedoch, so naheliegend dieser Gedankengang zu sein scheint, unzutreffend.

Denn: Die verfahrensrechtlichen Regelungen über den Prozeßvergleich sind zielgerichtete Modifikation und Konkretisierung des Verfassungsgrundsatzes von der Bindung der Rechtsprechung und der Verwaltung an Gesetz und Recht.

Die einschränkenden Halbsätze enthalten deshalb keine Beschränkung auf „gesetzeskonforme Vergleiche". Die Verfügungsbefugnis ist grundsätzlich unabhängig von der Frage der Gesetzmäßigkeit des Vergleichs. Sie ist ausschließlich abhängig von der Frage der Zuständigkeit und der Verletzung überwiegender öffentlicher Interessen.

Zur Begründung dieser These ist folgendes anzuführen: In den §§ 106 VwGO, 101 I SGG sind Vergleiche vom Gesetzgeber zugelassen. Das typische und wesentliche Merkmal eines Vergleichs liegt gerade darin, daß für das zukünftige Verhältnis der Parteien zueinander nicht mehr die wahre Rechtslage zum Zeitpunkt des Vergleichs, sondern die durch die Vergleichsvereinbarung fingierte Rechtslage ausschließlich gelten soll. Deshalb ist die Gesetzesunabhängigkeit — und für den, der es so will, die Gesetzwidrigkeit — dem Vergleich immanent. Die Vergleichsregelung, welche genau dem Gesetz entspricht, ist ein seltenes Zufallsprodukt. Wenn nun die Rechtsordnung ausdrücklich Prozeßvergleiche zuläßt, so handelt es sich dabei um eine schlechthin zu respek-

---

[100] Aus dieser Überlegung zieht *Löwer*, VerwArch. Bd. 56, 152 die Konsequenz, der letzte Halbsatz in § 106 VwGO sei im Grunde überflüssig.

[101] h. M. vgl. z. B. *Ule*, S. 102; *Schröder*, S. 148; siehe insbes. die einschläg. Vorschriften der VwGO: §§ 42, 43, 47, 50 I, 80 V, 123, 88, 91, 92, 106, 161 II usw.

[102] *Schröder*, S. 125.

tierende Grundentscheidung: Der Rechtsfriede steht insoweit höher als die Gesetzmäßigkeit des Verwaltungshandelns.

Führt man nun aber über die Verfügungsbefugnis das Gesetzmäßigkeitsprinzip wieder ein[103], so ist dies nichts anderes als der Versuch, die Grundentscheidung des Gesetzgebers zu neutralisieren und die Regelung über den Prozeßvergleich leerlaufen zu lassen[104].

Die einschränkende Bedeutung der Verfügungsbefugnis der Parteien

Da einerseits das konsequente Gesetzmäßigkeitsprinzip als Maßstab für Prozeßvergleiche untauglich ist, es aber andererseits auf der Hand liegt, daß Parteivereinbarungen im öffentlichen Recht nicht völlig schrankenlos Gültigkeit erlangen können, läßt das Gesetz Prozeßvergleiche nur zu, „soweit sie" — die Parteien! — „über den Gegenstand der Klage verfügen können".

Man hat bei dieser Einschränkung bislang stets einseitig das „Verfügen" betont[105]. Richtiger erscheint es aber, das „sie" — also: die Parteien — zu betonen. Erkennt man, daß die einschränkende Bedeutung in der Verfügungsbefugnis *der Parteien* liegt, so wird die Lösung unproblematisch: Die Verfügungsbefugnis *der Parteien* kann nicht weiter gehen als ihre sachliche und örtliche Zuständigkeit und muß im öffentlichen Recht begrenzt sein durch ein gegenüber dem Vergleichsinteresse beider Parteien überwiegendes öffentliches Interesse an gerichtlicher Klärung[106].

Das überwiegende öffentliche Interesse

Ob ein überwiegendes öffentliches Interesse verletzt wird, muß die Interessenabwägung im Einzelfall ergeben (wobei das Gericht eine unbeschränkte Prüfungsbefugnis hat), jedoch lassen sich dafür auch einige allgemeine Anhaltspunkte aufzeigen:

Es gibt *Verwaltungsangelegenheiten, die Kompromissen schlechthin nicht zugänglich sind,* weil die Allgemeinheit in einem Maße betroffen

---

[103] So vor allem *Schröder*, S. 142 ff., 155 und *Barth,* NJW 1961, 1605.

[104] Auf die untragbaren praktischen Konsequenzen weist *Dithmar,* NJW 1961, 2245, in einer Entgegnung zu *Barth* hin: Jede nichtstreitige Erledigung eines Verfahrens könnte mit der Behauptung wieder aufgegriffen werden, der Vergleich habe mit der wirklichen Rechtslage nicht im Einklang gestanden.

[105] Das führte wohl zu dem Kurzschluß, daß hier das Gesetz auf das Gesetzmäßigkeitsprinzip Bezug nehme. — (Vgl. *Schröder,* S. 142 ff.)

[106] Es versteht sich nach den voranstehenden Ausführungen, daß ein Abweichen des Vergleichs von der wahren Rechtslage keinen Verstoß gegen überwiegende öffentliche Interessen darstellt. Daß aber auch ein Vergleichsvertrag nicht gegen ein ausdrückliches gesetzliches Verbot verstoßen darf (so auch BVerwGE 14, 105) bedarf keiner näheren Begründung.

ist, daß nur ein klares Entweder - Oder den rechtsstaatlichen Anforderungen genügt. So ist z. B. im Prozeß um ein Vereinsverbot nach § 3 VereinsG eine vergleichsweise Regelung ausgeschlossen.

Vergleiche sind ferner wegen *unmittelbarer Gefährdung der Allgemeinheit* unzulässig, wenn der Prozeß sich mit Verwaltungsakten befaßt, die zum Schutz der öffentlichen Sicherheit an besondere objektive und subjektive gesetzliche Voraussetzungen gebunden sind[107]. So ist z. B. die Erteilung eines Waffenscheines an die persönliche Zuverlässigkeit des Antragstellers gebunden (§ 15 Abs. II, Nr. 4, 6 WaffenG), die Unbedenklichkeitsbescheinigung des Gesundheitsamtes an die Gesundheit (§ 18 Abs. V BSeuchenG) usw.[108].

Schließlich ist ein überwiegendes öffentliches Interesse auch dann verletzt, wenn im Vergleichswege *Leistungen* vereinbart werden, *die ihrer Art nach im Gesetz gar nicht vorgesehen sind*, denn dadurch würde die Rechtssicherheit in unzumutbarem Maße gefährdet. Dieses Ergebnis folgt auch aus der Überlegung, daß der Vergleich kein neues Recht schaffen kann, sondern lediglich die Verpflichtung der Parteien zum Inhalt hat, einander hinfort so zu behandeln, „als ob" das Vereinbarte der wahren Rechtslage entspräche[109]. Der Vergleich ist also insoweit die Fiktion einer bestimmten Rechtslage und kann schon deshalb nicht zu Leistungen verpflichten, die ihrer Art nach im Gesetz nicht vorgesehen sind[110].

4423. Zulässigkeit des außergerichtlichen Vergleichsvertrages

44231. Unterschiede zwischen gerichtlichem und außergerichtlichem Vergleich

Nachdem nun die Zulässigkeitsvoraussetzungen für den Prozeßvergleich herausgearbeitet sind, stellt sich die Frage, ob sie unmodifiziert ganz allgemein für Vergleichsverträge gelten[111] oder aber, ob Vergleiche im Prozeß und Vergleiche im Verwaltungsverfahren jeweils unterschiedlichen Voraussetzungen genügen müssen. Dieselben Voraussetzungen könnten nur dann gelten, wenn zwischen beiden Vergleichsarten keine wesentlichen Unterschiede bestünden. Doch das Gegenteil ist der Fall:

---

[107] In diesem Sinne *Löwer*, VerwArch., Bd. 56, 248.
[108] Weitere Beispiele bei *Löwer*, VerwArch., Bd. 56, 248.
[109] Vgl. *Löwer*, VerwArch., Bd. 56, 242.
[110] Ebenso *Löwer*, VerwArch., Bd. 56, 152 f. — Geht z. B. der Streit um die Frage, ob eine Lehramtsprüfung bestanden wurde, so könnte zwar vergleichsweise vereinbart werden, daß der Prüfungsversuch als nicht unternommen gilt, nicht aber, daß die Prüfung nur drei Jahre wirksam sei und dann erneut abgelegt werden müsse.
[111] Wohl h. M., vgl. hierzu Fn. 88.

Amtsermittlungsprinzip

Im Verwaltungsprozeß streiten Bürger und Verwaltung als gleichberechtigte Parteien vor dem unparteiischen Dritten, dem Gericht. Dieses hat zwar den Sachverhalt von Amts wegen zu erforschen, ohne an die Beweisanträge der Parteien gebunden zu sein[112], doch ist es faktisch weitgehend abhängig von den Ermittlungen, welche die Behörde zuvor durchgeführt hat. Solange die Ermittlungen der Behörde unzureichend sind, hat sie wenig Aussicht auf ein Obsiegen im Prozeß, und der Gegner wird wenig Vergleichsbereitschaft zeigen. Durch die weitgehende Zulassung von Prozeßvergleichen wird deshalb die Pflicht *der Behörde* zur Ermittlung von Amts wegen nicht gefährdet.

Dagegen ist im Verwaltungsverfahren die Behörde gleichsam Richter in eigener Sache. Sie ermittelt selbst und entscheidet selbst. Groß ist hier die Versuchung, mühevollen Ermittlungen durch eine Vergleichsregelung auszuweichen, die nicht unter dem wachsamen Auge des Richters getroffen wird, und bei welcher der unkundige Bürger oft weitgehend hilflos wäre. Durch eine bequeme Vergleichspraxis im Verwaltungsverfahren wäre deshalb das Amtsermittlungsprinzip erheblich gefährdet.

Gesetzmäßigkeitsprinzip

Während es für den Verwaltungsprozeß eine gesetzliche Zulassung des Vergleichs — und das heißt einer gerade gesetzesunabhängigen Regelung — gibt, fehlt eine derartige Norm für das Verwaltungsverfahren, so daß es bei der Geltung des Gesetzmäßigkeitsprinzips für das Verwaltungshandeln in vollem Umfang verbleibt[113]. Jedoch kann dem § 106 VwGO in bezug auf außergerichtliche Vergleiche immerhin der Grundsatz entnommen werden, daß solche Vergleichsverträge nicht schlechthin ausgeschlossen sein können. Denn wenn infolge der hohen Wertschätzung des Rechtsfriedens die Möglichkeit zur gütlichen Beilegung von Prozessen normiert wird, so kann daraus geschlossen werden, daß auch die Verhinderung von Prozessen als Mittel zur Sicherung des Rechtsfriedens in unserer Rechtsordnung einen Wert haben muß[114].

---

[112] § 86 I VwGO; vgl. auch *Ule*, LB, S. 99.
[113] Nur wenn der Gesetzgeber selbst ein Abweichen vom Gesetz durch (weiteres) Gesetz zuläßt, wird der Grundsatz der Gesetzmäßigkeit der Verwaltung nicht durchbrochen. Für diesen Fall wird die „gesetzwidrige" Regelung zur „gesetzmäßigen" Regelung. (*Zeidler*, S. 45.).
[114] Nach *Dithmar*, NJW 1961, 2245, muß das Recht, sich außerprozessual vergleichen zu können, der Verwaltung sogar primär zustehen; ebenso BVerwGE 17, 83 (94); ähnlich *Knack*, DVBl. 1965, 710. Nach h. M. sind verwaltungsrechtliche Vergleichsverträge grds. zulässig. Vgl. etwa *Eyermann/Fröhler*, § 106, Rdn. 1; *Redeker/v. Oertzen*, § 106 C I; *Peters/Sautter/Wolff*, § 101, 1 b; *Schunck/De Clerk*, § 106, 2 d; *Haueisen*, DVBl. 1968, 285 m. w. Nw.; a. A. *Beinhardt*, VerwArch. Bd. 55, 230, der eine gesetzliche Ermächtigung verlangt.

Das Problem liegt also darin, wie dieser Wert zusammen mit dem Gesetzmäßigkeits- und dem Amtsermittlungsprinzip im Sinne praktischer Konkordanz zur Geltung gebracht werden kann, — denn die Bewahrung des Rechtsfriedens darf nicht einseitig auf Kosten anderer elementarer Prinzipien erstrebt werden[115]. —

44232. Zusätzliche Voraussetzungen für den außergerichtlichen Vergleich

Da sich gezeigt hat, daß der außergerichtliche Vergleich im Gegensatz zum Prozeßvergleich das Amtsermittlungsprinzip erheblich gefährden kann, und daß mangels einer gesetzlichen Regelung auch Spannungen zum Gesetzmäßigkeitsprinzip bestehen, müssen neben der Zuständigkeit und der fehlenden Verletzung öffentlicher Interessen für den außergerichtlichen Vergleich zusätzliche Voraussetzungen hinzutreten.

In der Literatur wird häufig der Standpunkt vertreten, ein *Vergleich in zwingend geregelten Verwaltungsangelegenheiten* sei — sofern nicht lediglich die gesetzliche Regelung bestätigt werde — unzulässig[116]. Diese Ansicht beruht aber auf einer Verkennung der wesentlichen Merkmale von zwingendem und dispositivem Recht: Der entscheidende Unterschied zwischen zwingendem und dispositivem Recht liegt allein darin, daß bei letzterem die Rechtsfolge des Gesetzes eintreten *muß*, wenn dessen Voraussetzungen vorliegen, während bei dispositiven Rechtssätzen auch bei Vorliegen sämtlicher Voraussetzungen die Rechtsfolge disponibel bleibt. Daher wird die Frage, ob ein Rechtssatz zwingend ist oder nicht, überhaupt erst wesentlich, wenn feststeht, daß seine Voraussetzungen vorliegen. Stehen aber die Voraussetzungen in rechtlicher oder tatsächlicher Hinsicht in Zweifel, dann kann nur die Erheblichkeit der Zweifel Maßstab für die Zulässigkeit einer Vergleichsregelung sein, nicht aber die Frage nach der Natur des Rechtssatzes[117]. Denn „auch ein zwingender Rechtssatz (ist) nicht so ‚zwingend'..., daß er den Anspruchsträger schlechthin und in jedem Fall nötigt, diesen Anspruch auch dann geltend zu machen und erforderlichenfalls gerichtlich durchzufechten, wenn der Anspruch ernsthaften Zweifeln begegnet"[118].

---

[115] *Schick*, S. 33.

[116] z. B. *Bullinger*, Ged. Schr., S. 675; *Barth*, NJW 1961, 1605; *Schröder*, S. 87 u. 208; *Stein*, AöR Bd. 86, 328 f.; *Kottke*, S. 44.

[117] Die Meinung, welche zwischen Vergleichen in der Ermessensverwaltung und Vergleichen in zwingend geregelten Verwaltungsangelegenheiten differenzieren will, läßt überdies außer acht, daß die Verwaltung, auch sofern ihr ein Ermessen eingeräumt ist, keineswegs frei über die Rechtsfolge verfügen kann. — Vor allem ist darauf hinzuweisen, daß es zahlreiche Normen gibt, die nur unter ganz bestimmten gesetzl. Voraussetzungen ein Ermessen eröffnen.

[118] *Bachof*, Rspr. II, S. 263 Nr. B 274.

44. Rechtmäßigkeit vertraglicher Regelungen

Als zusätzliche Voraussetzung für außergerichtliche Vergleiche ergibt sich also die *besondere Zweifellage*[119], deren Kriterien nun im einzelnen zu untersuchen sind.

Eine Zweifellage kann bei *tatsachenbedingten* Vergleichsverträgen nur dann anerkannt werden, wenn *nach Ausschöpfung aller zumutbaren Möglichkeiten zur Sachverhaltsfeststellung weder das Bestehen noch das Nichtbestehen eines Anspruchs bewiesen ist*. In diesen Fällen müßte nämlich die Behörde nach der objektiven (oder materiellen) Beweislast[120] entscheiden, welche auch im Verwaltungsverfahren eingreift[121]. Dieser oft unbefriedigenden Entscheidung nach Beweislastgrundsätzen, die naturgemäß ein erhöhtes Prozeßrisiko in sich trägt, darf die Verwaltung ausweichen und einen Vergleichsvertrag schließen[122].

Die Zumutbarkeit behördlicher Ermittlungen ergibt sich aus einer Abwägung der Bedeutung des Anspruchs (oder allgemein: der Verwaltungssache) einerseits und dem wirtschaftlichen und zeitlichen Aufwand für die Ermittlungen sowie deren Erfolgsaussichten andererseits. Bei der pflichtgemäßen Abwägung handelt es sich um eine echte Ermessensentscheidung der Behörde.

In zeitlicher Hinsicht kann dabei § 75 VwGO als Maßstab herangezogen werden. Aus dieser Vorschrift läßt sich schließen, daß das öffentliche Interesse in der Regel eine Erledigung binnen drei Monaten erheischt: „Es kann von der Behörde und den handelnden Amtswaltern nicht mehr verlangt werden, als sich diejenige Tatsachenkenntnis zu verschaffen, die möglich ist, bevor der VA im öffentlichen Interesse erlassen werden muß[123]."

Wie wichtig der Gesichtspunkt der Erfolgsaussichten weiterer Ermittlungen für die Frage des Vergleichsabschlusses ist, zeigt schon ein Blick auf die Verwaltungspraxis: Die Ermittlung von Sachverhalten aus der Kriegs- und Nachkriegszeit und aus den Vertreibungsgebieten ist oft besonders schwierig und wenig erfolgversprechend. Hier liegt deshalb bisher schon ein Hauptanwendungsfall des außergerichtlichen Vergleichsvertrages[124].

---

[119] Zwar werden auch Prozeßvergleiche in der Regel wohl nur abgeschlossen werden, wenn der Ausgang des Prozesses zweifelhaft ist. Entscheidend ist aber, daß im Prozeß eine bestimmte Intensität der Zweifel keineswegs Rechtmäßigkeitsvoraussetzung für den Prozeßvergleich ist. Lediglich die Tatsache, daß der Ausgang des Prozesses völlig offensichtlich feststeht, könnte insofern Bedeutung erlangen, als dann ein Vergleich gegen überwiegende öffentl. Interessen verstoßen könnte.
[120] Vgl. dazu BVerwGE 3, 308 und *Bachof*, Rspr. I, S. 42, Nr. 18.
[121] *Wolff*, VwR III, S. 240 f.
[122] So auch *Löwer*, VerwArch. Bd. 56, 240 f.
[123] *Wolff*, VwR III, S. 241 zum Umfang des Amtsermittlungsprinzips.
[124] z. B. wurden in Schleswig-Holstein 1960 29,3 % aller Wiedergutmachungssachen durch Vergleich erledigt. (Angabe nach EVwVerfG, Einzelbegründung, S. 186.)

4. Zulässigkeitsgrenzen des sVV

Auch die Beurteilung der Frage, ob die durchgeführten Ermittlungen nicht mehr als ein „non liquet" ergeben, ist in das pflichtgemäße Ermessen der Behörde gestellt. Denn die Beweiswürdigung ist frei[125]. Allerdings darf die Behörde dabei nicht gegen Denkgesetze und Erfahrungssätze verstoßen.

Während bei tatsachenbedingten Vergleichsverträgen das Amtsermittlungsprinzip im Vordergrund der Problematik steht, treten bei *Vergleichen über reine Rechtsfragen* vor allem Spannungen im Verhältnis zum Gesetzmäßigkeitsprinzip auf. Denn die Bindung an Gesetz und Recht beinhaltet die Pflicht zur Rechtsanwendung. Grundsätzlich muß also die Verwaltung rechtliche Zweifelsfragen klären. Der Ansicht von Bisek, nach der ein Vergleich über Rechtsfragen schon dann zulässig sein soll, „wenn der Verwaltungsaufwand, der zur Klärung der Rechtsfrage erforderlich wäre, zu ihrer Bedeutung außer Verhältnis stände"[126], kann nicht gefolgt werden. Denn bei Vergleichen über Rechtsfragen sind wesentlich höhere Anforderungen zu stellen als bei Vergleichen über Tatsachen. Zeigt sich die Behörde bei nicht zu beseitigenden Unklarheiten über den Sachverhalt vergleichsbereit, so wird dies der Bürger begrüßen, und es wird sein Vertrauen in die Verwaltung stärken. Anders aber, wenn die Behörde zugeben muß, daß sie nicht in der Lage ist, eindeutige Sachverhalte rechtlich zu würdigen. Hier kann das Vertrauen in die rechtsstaatliche Verwaltung erheblich erschüttert werden. Zudem ist unwahrscheinlich, daß zur Klärung reiner Rechtsfragen etwa monatelange Bemühungen der Behörden notwendig werden. Zwar mag vereinzelt — etwa bei Fällen mit Auslandsbezug oder bei wasserrechtlichen Regelungen, bei denen alte Rechte aus vergangenen Jahrhunderten eine Rolle spielen — durchaus ein erheblicher Aufwand zur Klärung der Rechtslage erforderlich sein. Doch können die Vorteile einer vergleichsweisen Regelung derartiger Einzelfälle nicht die Nachteile aufwiegen, welche in der Gefährdung der Rechtssicherheit durch eine kaum zu kontrollierende Vergleichspraxis in Rechtsfragen bestehen. Bei Klärung von reinen Rechtsfragen auf die Verhältnismäßigkeit des Verwaltungsaufwandes abzustellen, hieße in der Tat, die Rechtssicherheit ernsthaft zu gefährden[127].

Vergleiche in reinen Rechtsfragen kommen deshalb nur in Betracht, wenn eine Rechtsfrage durch die Rechtsprechung noch nicht hinreichend

---
[125] *Wolff*, VwR III, S. 240.
[126] *Bisek*, S. 80; ebenso EVwVerfG, Einzelbegründung, S. 196.
[127] Man denke nur an dem Betrag nach niedrige Geldbußen, Gebühren, Beiträge. Hier können durchaus oft schwierige Rechtsprobleme auftreten. Wollte man den streitigen Betrag zum rechnerischen Wert des Verwaltungsaufwandes ins Verhältnis setzen, der zur Klärung der Rechtslage notwendig wird, so wäre infolge einer Flut von Vergleichen die Rechtsklarheit auf diesem Gebiet sehr rasch beseitigt.

geklärt ist, das heißt also, wenn divergierende Gerichtsentscheidungen vorliegen und eine höchstrichterliche Entscheidung fehlt[128]. Denn dann kann die Rechtslage als objektiv ungeklärt bezeichnet werden. Die Wahrscheinlichkeit eines Rechtsstreits ist dann besonders hoch und die Pflicht der Verwaltung zur Rechtsanwendung würde zur Pflicht zum Prozessieren entarten[129].

Zusammenfassung: Die zuständigen Behörden können in einer Zweifellage außergerichtliche Vergleiche abschließen, sofern nicht überwiegende öffentliche Interessen entgegenstehen. Eine Zweifellage ist nur gegeben, wenn nach Durchführung der zumutbaren Ermittlungen weder das Bestehen noch das Nichtbestehen eines Anspruchs erwiesen ist, oder wenn sich eine Rechtsfrage als objektiv ungeklärt erweist[130, 131].

---

[128] *Von der Groeben/Knack*, § 122 RdN. 1. 2, sehen in dieser *notwendigen* Voraussetzung lediglich ein Beispiel für zulässige Vergleiche über Rechtsfragen.

[129] Es ist keineswegs Sache der Verwaltung, durch eine einseitige, potentiell rechtswidrige Entscheidung einen Rechtsstreit und damit eine zur Fortentwicklung des Rechts wünschenswerte höchstrichterliche Entscheidung herbeizuführen, wie dies *Ule/Becker*, S. 69, annehmen. Der Ansicht von *Ule/Becker* hat sich *Weiß*, S. 49 f., ohne nähere Begründung angeschlossen.

[130] Die Regelung des § 122 LVwG Schl. H. und insbesondere die des § 51 RegEVwVerfG (sowie § 41 EVwVerfG) ist demgegenüber zu unbestimmt und zu stark mit subjektiven Elementen belastet. Sie geht bzgl. Vergleichen über Rechtsfragen zu weit. Letzteres trifft auch für den Vorschlag von *Bisek*, S. 84, zu.

[131] Ein interessanter, dem außergerichtlichen Vergleich ähnlicher Sonderfall ist die Vereinbarung eines Schiedsgerichts für eine Verwaltungsrechtsstreitigkeit. Rechtlich bedenkenfrei erscheint ein derartiger Schiedsvertrag aber nur bei koordinationsrechtlichen Beziehungen. Vgl. hierzu Schiedsgerichtsurteil v. 21. 5. 1973, DÖV 1973, 852.

5. Verwaltungsvertrag und Rechte Dritter

51. Kritik der herrschenden Meinung

Nicht genügend Aufmerksamkeit hat man bislang offenbar der Problematik der Fälle gewidmet, in denen durch Verträge die Rechte Dritter berührt werden. Übereinstimmend gehen der EVwVerfG (§ 44), das LVwG von Schleswig-Holstein (§ 125 I) und der RegEVwVerfG (§ 54 I) davon aus, daß der sVV ohne weiteres auch dort zulässig sei, wo die Rechte Dritter beeinträchtigt[1] werden. Da das Rechtsbehelfsverfahren auf den VA zugeschnitten sei, hält man die Unwirksamkeit des Vertrages bis zur Genehmigung des betroffenen Dritten für die „praktikabelste Lösung"[2]. In der Einzelbegründung werden weder andere Lösungen erwogen noch mögliche Konsequenzen dieser „praktikabelsten Lösung" angedeutet. Dies erscheint um so verwunderlicher, als das ausdrücklich erwähnte Beispiel einer Baugenehmigung unter Dispensgewährung die Bedenklichkeit der Regelung des § 44 EVwVerfG[3] zeigen könnte:

Bei der Genehmigung durch VA muß der in seinen Rechten verletzte Dritte[4] selbst aktiv werden. Er muß Widerspruch erheben und gegebenenfalls klagen. Beklagte Partei ist die Verwaltung; sie trägt das passive Prozeßrisiko — der Bauherr ist lediglich beigeladen[5]. Sehr wesentlich ist dabei die Möglichkeit, daß die Verwaltung gem. § 80 II Nr. 4, 2. Alt. die sofortige Vollziehung der Baugenehmigung anordnen kann[6], und daß der Bauherr, wenn sein Interesse klar überwiegt, u. U. sogar einen Rechtsanspruch darauf hat[7]. Der Interessenschutz des Bau-

---

[1] Im RegEVwVerfG § 54 I heißt es statt „beeinträchtigt" „in Rechte eines Dritten eingreift".
[2] EVwVerfG, Einzelbegründung zu § 44, S. 199; ebenso *Bisek*, S. 119 ff., der die Regelung des § 44 EVwVerfG und des § 125 I LVwG Schl.-H. unverändert beibehalten will; fast unverändert auch der RegEVwVerfG § 54 I; vgl. ferner *von der Groeben/Knack*, § 125 Rdn. 1.
[3] Ebenso § 125 I LVwG Schl.-H. und § 54 I RegEVwVerfG.
[4] Zur Frage, wann der Dritte in einem Recht oder in einem rechtl. geschützten Interesse verletzt ist, vgl. *Peters*, DÖV 1965, 744 ff. sowie *Dörffler*, NJW 1963, 14 (insbes. 16 ff.).
[5] Fall der notwendigen Beiladung, § 65 II VwGO, vgl. *Ule*, LB, S. 85.
[6] BVerwG, DVBl. 1966, 273; *Schunck/De Clerck*, § 80 Anm. 3 d ff. BVerwG, NJW 1969, 202 und zustimmend *Schenke*, NJW 1970, 270 wollen durch eine analoge Anwendung von § 80 V VwGO dem Bauherrn sofortigen Rechtsschutz gewähren.
[7] So jedenfalls *Löwer*, DÖV 1965, 830.

51. Kritik der herrschenden Meinung

herrn ist also sehr weitgehend: Der Nachbar trägt das aktive Prozeßrisiko; durch § 80 II Nr. 4, 2. Alt. VwGO (bzw. § 80 V VwGO) wird einem Mißbrauch des Grundsatzes der aufschiebenden Wirkung von Rechtsmitteln vorgebeugt, was das BVerwG[8] als „unverzichtbare Aufgabe" bezeichnet[9].

Demgegenüber glaubt der EVwVerfG (§ 44; ebenso LVwG Schl.H., § 125 I; RegEVwVerfG § 54 I) nicht nur auf den Schutz vor Rechtsmißbrauch, sondern — diesen Eindruck muß man gewinnen — ganz allgemein auf jeglichen Interessenschutz des Bauherrn verzichten zu können. Denn wird die Baugenehmigung durch Verwaltungsvertrag erteilt — und gerade auf die Baugenehmigung als Beispiel weisen die Einzelbegründung des EVwVerfG[10] wie auch von der Groeben/Knack in der Kommentierung zum LVwG Schl.H. ausdrücklich hin — so genügt die Nichterteilung der Zustimmung, die schlichte Untätigkeit des Nachbarn, um den Bauherrn mit dem unerträglichen Risiko einer möglicherweise schwebend unwirksamen Baugenehmigung zu belasten: Stellt sich Monate oder gar erst Jahre nach Baubeginn heraus, daß die Baugenehmigung Rechte des Nachbarn verletzt, so wird sie, wenn der Nachbar seine Zustimmung verweigert, endgültig unwirksam. Der Bau müßte geändert oder abgebrochen werden, denn nach der Lösung des § 55 RegEVwVerfG ist der Vertrauensschutz durch die Differenzierung zwischen Rechtswidrigkeit und Nichtigkeit abschließend geregelt[11]. Da keine Möglichkeit besteht, wie beim VA eine Anfechtungsfrist dem Nachbarn gegenüber in Lauf zu setzen und es auch nicht empfehlenswert erscheint, einen Bau auf das unsichere Fundament des Rechtsmißbrauchsverbots und der Verwirkung nachbarlicher Rechte zu gründen, zwingt die Konstruktion einer schwebend unwirksamen Baugenehmigung den Bauherrn, seinerseits gerichtlich klären zu lassen, ob Rechte des Nachbarn verletzt sind, ob also die Baugenehmigung unwirksam ist[12]. Der Bauherr wird also aus der Rolle des Beigeladenen in die Rolle des Klägers gedrängt. Zudem entfällt die summarische Überprüfung der

---

[8] BVerwG, DVBl. 1966, 273 (274).
[9] Einen Überblick über die verschiedenen Möglichkeiten, zu einem Interessenausgleich zwischen Nachbarn und Bauherrn zu gelangen, gibt *Gelzer*, NJW 1970, 1352.
[10] EVwVerfG, S. 199.
[11] Die Differenzierung wäre sinnlos, wenn die Wirksamkeit trotz Rechtswidrigkeit nicht sämtliche Fälle des Vertrauensschutzes erfaßte! — Dies gilt entsprechend für § 45 EVwVerfG und § 126 LVwG Schl.-H. (vgl. hierzu 6. Fn. 34). Unverständlich ist, warum die Regelung der Unwirksamkeit des Vertrages bei Verletzung der Rechte Dritter jeweils als eigene Vorschrift erscheint und nicht systematisch richtiger bei den Nichtigkeitsgründen (heilbar durch Zustimmung!) aufgeführt ist.
[12] In Frage kommt hier eine Feststellungsklage, bei der jedoch die Passivlegitimation problematisch ist: Da nur der Nachbar die Baugenehmigung durch Nichterteilung seiner Zustimmung streitig macht, wäre — auch unter kostenrechtlichen Gesichtspunkten — nur eine Klage gegen den Nach-

Rechtslage durch das Gericht, wie sie im Rahmen der Anordnung der sofortigen Vollziehung der Baugenehmigung analog § 80 II Nr. 4 VwGO erfolgt, so daß der Bauherr auch während des Prozesses das unverminderte Risiko eines Baubeginns trägt. Wartet er aber das Ergebnis des Rechtsstreits ab, so wird für ihn der Sieg nach jahrelangem Prozessieren zum Pyrrhus-Sieg[13]. Die „praktikabelste Lösung" wurde hier offenbar nicht gefunden[14]!

52. Lösungsvorschlag

521. Verpflichtungs- und Verfügungsgeschäft im Verwaltungsrecht

Eine sachdienliche Lösung des Problems des Rechtsschutzes Dritter gegen Verwaltungsverträge läßt sich nur finden, wenn man die im Zivilrecht selbstverständliche Differenzierung zwischen Verpflichtungs- und Verfügungsgeschäft[15], zwischen Kausal- und Erfüllungsgeschäft auch für das Verwaltungsrecht nutzbar macht[16]. Diese Unterscheidung ist unmittelbar einleuchtend, wo die Leistung der Behörde ein schlichtes Verwaltungshandeln z. B. Auszahlung der Subvention auf Grund des Subventionsvertrages darstellt; sie ist aber auch dort geboten, wo die Leistung der Verwaltung ausschließlich in einer rechtlichen Regelung, einer Rechtsgestaltung besteht, wie dies etwa für sämtliche Baudispensverträge, aber auch andere Genehmigungen und Erlaubnisse zutrifft, welche Gegenstand eines sVV werden. Je nach Art der behördlichen Leistung ergeben sich unterschiedliche Konsequenzen für den Rechtsschutz Dritter.

522. Rechtsgestaltung als Leistung der Behörde

Besteht die Leistung der Verwaltung ausschließlich in einer rechtlichen Regelung, so treten Kausal- und Erfüllungsgeschäft nicht notwendigerweise äußerlich getrennt in Erscheinung. So ist es etwa durch-

---

barn bei notwendiger Beiladung des Landes sinnvoll. Doch diese Lösung erscheint zumindest ungewohnt. — Die Begründungen zu § 54 I RegEVw VerfG, § 44 EVwVerfG sowie die Kommentierung zu § 125 I LVwG Schl.-H. schweigen zu diesem Problem.

[13] Vgl. *Dombrowski*, S. 81, bezogen auf Prozesse gegen die Baugenehmigungsbehörde.

[14] Die Kargheit der Einzelbegründung zu § 44 EVwVerfG, S. 199, deutet darauf hin, daß die Problematik der Interessenlage gar nicht beachtet wurde. *Redeker*, DÖV 1966, 545 bezeichnet die Lösung als „dogmatisch verfehlt, aber auch wenig praktikabel".

[15] Hierzu eingehend *Flume*, S. 152 ff.

[16] Auf diese Notwendigkeit hat schon *Redeker*, DÖV 1966, 543 ff. eingehend hingewiesen. Ebenso *Löwer*, VerwArch. 1965, 259 bzgl. des Vergleichsvertrages. Auch in der Einzelbegrdg. RegEVwVerfG, BT Drucks. VII/910, S. 79, wird die Trennung von Kausal- und Erfüllungsgeschäft für möglich gehalten. Um so erstaunlicher ist es, daß diese Unterscheidung nicht für die Zulässig-

52. Lösungsvorschlag

aus denkbar, daß sich eine Sondernutzungserlaubnis und die Verpflichtung zur Zahlung einer Sondernutzungsgebühr als vertragliche Erklärungen gegenüber stehen. Wird die Erlaubnis durch Vertragserklärung erteilt, so handelt es sich insoweit um einen verfügenden Vertrag[17].

Sind sonach verfügende Verträge zwar grundsätzlich möglich, so läßt sich doch gegen sie ein befriedigender Rechtsschutz Dritter nicht verwirklichen. Nachdem sich die Lösung mit der schwebenden Unwirksamkeit als verfehlt erwiesen hat, kommt als weitere Möglichkeit lediglich noch die Klage auf Feststellung der Nichtigkeit[18] des Vertrages in Betracht. Zwar ist nach allgemeiner Meinung die Feststellungsklage auch hinsichtlich eines Rechtsverhältnisses zwischen dem Beklagten und einem Dritten zulässig[19], doch wäre die Klage — gerade im Hinblick auf Baugenehmigungen — praktisch überhaupt nur sinnvoll, wenn sie bezüglich Klagefrist, Vorverfahren und einstweiligem Rechtsschutz wie eine Anfechtungsklage behandelt würde. Die Konsequenz einer derartigen Vermengung der Klagetypen wäre nicht mehr Klarheit und Praktikabilität im Verwaltungsrecht, sondern eine Fülle neuer Probleme und Ungereimtheiten.

Die allein brauchbare Lösung liegt deshalb darin, in allen Fällen, in denen eine Verletzung der Rechte Dritter möglich erscheint, Verpflichtungs- und Verfügungsgeschäft auch äußerlich scharf zu trennen. Der Vertrag ist dann auf die verpflichtende Wirkung beschränkt. Er bedarf als Erfüllungshandlung der Behörde eines selbständigen VAs. Bei dieser Trennung bleiben die Vorteile des Vertrages voll erhalten, während gleichzeitig Rechtsschutz und interessengerechte Behandlung durch das Rechtsschutzsystem bei Verwaltungsakten mit Drittwirkung sichergestellt sind. Bezeichnend ist, daß die Baugenehmigungsbehörden bei Garagen- und Baudispensverträgen längst diese Trennung durchgeführt haben und die Baugenehmigung stets durch selbständigen VA erteilen!

---

keitsfrage fruchtbar gemacht wurde, sondern der RegEVwVerfG es bei der verfehlten Zustimmungsregelung des § 54 I beließ.

[17] Die Möglichkeit verfügender Verträge wird von *Redeker*, DÖV 1966, 544 geleugnet: Auch wenn der unmittelbar regelnde Ausspruch im Vertragstext enthalten sei, handele es sich um einen selbständigen VA. Daß ein und dieselbe Erklärung sowohl Vertragserklärung wie auch VA sein soll vermag jedoch nicht zu überzeugen. — Eine andere Frage ist allerdings, wie groß das praktische Bedürfnis nach verfügenden Verträgen ist, da sie ohnehin immer dann ausscheiden, wenn die Verletzung der Rechte Dritter möglich erscheint (hierzu im folgenden).

[18] Bei Verstoß gegen drittschützende Normen wäre der Vertrag rechtswidrig und damit nach der hier vertretenen Lösung nichtig. (Vgl. im einzelnen 612.)

[19] BVerwG NJW 1970, 2260 (2261); *Redeker/v.Oertzen*, § 43 Rdn. 7 m. w. N.

Schließlich erhebt sich noch die Frage, wann Rechte Dritter betroffen sind. Es liegt nahe, hier dieselben Grundsätze anzuwenden, welche für die Zulässigkeit einer Klage gegen einen nicht an den Kläger adressierten VA entwickelt worden sind (vgl. § 42 II VwGO). Denn gerade — aber auch nur — soweit eine Klage des Dritten zulässig wäre, muß durch die Nachschaltung des VA auch die rechtliche Möglichkeit für eine Klage eröffnet werden. Es genügt also, wenn eine Rechtsverletzung des Dritten möglich erscheint.

523. Schlichtes Verwaltungshandeln als Leistung der Behörde

In zahlreichen Fällen besteht die Leistung der Behörde nicht in einer rechtlichen Regelung als solcher, sondern in einem schlichten Verwaltungshandeln. Dies ist insbesondere bei sämtlichen Subventionsverträgen der Fall, bei denen die Leistung in der Auszahlung der Subvention besteht.

Auch bei der Gewährung staatlicher Leistungen können die Rechte Dritter — nämlich der Konkurrenten — verletzt sein, und es muß für sie eine Rechtsschutzmöglichkeit bestehen. Während sich das BVerwG anfangs auf den Standpunkt stellte, die Bedrohung der wirtschaftlichen Existenz berühre zwar die wirtschaftlichen, nicht aber die im Klagewege allein verfolgbaren rechtlichen Interessen[20] wurde durch das U. v. 30. 8. 1968 klargestellt, daß als verletztes Recht Dritter die Wettbewerbsfreiheit in Frage kommt, welche durch Art. 2 GG geschützt ist, „denn die Freiheit der Entfaltung der Persönlichkeit umfaßt auch den grundrechtlichen Anspruch, durch die Staatsgewalt nicht mit einem Nachteil belastet zu werden, der nicht in der verfassungsmäßigen Ordnung begründet ist"[21]. Demgemäß ist es heute h. M., daß der Dritte zumindest dann eine Rechtsschutzmöglichkeit haben muß, wenn er geltend macht, daß seine schutzwürdigen Interessen grundlos verletzt wurden[22].

Da es sich bei einem Subventionsvertrag stets nur um einen verpflichtenden Vertrag handelt, von welchem das Erfüllungsgeschäft, die Leistung, äußerlich sichtbar getrennt ist, stellt sich nun die Frage, ob dem Dritten Rechtsschutz bereits gegen das Verpflichtungsgeschäft oder erst gegen die Leistungshandlung zu gewähren ist.

---

[20] BVerwGE 10, 122 (123).
[21] BVerwGE 30, 191 (198).
[22] BVerwGE 30, 191 (197); *Wolff*, VwR III, S. 266; *Mössner*, JuS 1971, 135; *Scholz*, S. 76; *ders.*, NJW 1969, 1044; *Selmer*, NJW 1969, 1266; jetzt auch *Friauf*, DVBl. 1969, 370; anders wohl noch *ders.*, DVBl. 1966, 732; für eine grundsätzliche Klagebefugnis des Konkurrenten: *Zuleeg*, Konkurrentenklage, S. 62 ff.

Ein Vorgehen unmittelbar gegen den verpflichtenden Vertrag könnte nur im Wege der Feststellungsklage möglich sein. Nach h. M. braucht der Kläger nicht selbst an dem im Streit befangenen Rechtsverhältnis beteiligt zu sein[23]. Auch die grundsätzliche Subsidiarität der Feststellungsklage gegenüber der Leistungsklage ist hier unschädlich, da die Feststellungsklage gegen die Behörde zu richten wäre und in der Regel davon auszugehen ist, „daß im Rechtsstaat die Behörden gerichtliche Entscheidungen respektieren"[24]. Zweifelhaft muß aber erscheinen, ob ein Feststellungsinteresse gegeben ist, da der lediglich verpflichtende Vertrag nicht in die Rechtsstellung des Dritten eingreifen kann, sondern ein möglicher Eingriff erst in dem Erfüllungsgeschäft liegt[25].

In Anbetracht der Tatsache, daß dem Dritten keinerlei Nachteile entstehen, wenn der Rechtsschutz erst bei dem Erfüllungsgeschäft einsetzt, liegt die überzeugendste Lösung darin, den Dritten auf die vorbeugende Unterlassungsklage gegen die Leistungshandlung der Verwaltung zu verweisen. Die Statthaftigkeit der vorbeugenden Unterlassungsklage ist allgemein anerkannt[26], ihre Zulässigkeit ist unzweifelhaft, sofern der Dritte zum Kreis derer gehört, deren schutzwürdige Interessen möglicherweise grundlos durch die Leistungshandlung verletzt werden.

524. Zusammenfassung

Auch im Verwaltungsrecht ist zwischen Verpflichtungs- und Verfügungsgeschäft zu unterscheiden. Verfügende Verträge sind denkbar, sofern die Leistung der Behörde ausschließlich in einer rechtlichen Regelung besteht. Sie sind jedoch nicht zulässig, sofern gegen einen entsprechenden VA die Klage eines Dritten zulässig wäre (vgl. § 42 II VwGO). In diesen Fällen ist der Vertrag auf das Verpflichtungsgeschäft zu beschränken, die verfügende Wirkung ist durch nachgeschalteten VA herbeizuführen[27].

Besteht die Leistungshandlung, zu der sich die Behörde vertraglich verpflichtet, in einem schlichten Verwaltungshandeln, so ist der Rechts-

---
[23] Vgl. Fn. 19.
[24] *Eyermann/Fröhler*, § 42 Rdn. 24.
[25] Ebenso *Redeker*, DÖV 1966, 545 und Einzelbegrdg. des RegEVwVerfG, S. 79. — Das BVerwG hat zwar eine Anfechtung des Bewilligungsbescheides, also des Verpflichtungsgeschäftes zugelassen (BVerwGE 30, 191/197), doch ist dies eine notwendige Folge der Zweistufentheorie: Da die Zivilgerichte an die Tatbestandswirkung auch eines rechtswidrigen VAs gebunden sind, ist ein Rechtsschutz gegen das p. r. Erfüllungsgeschäft gar nicht mehr zu verwirklichen.
[26] BVerwGE 26, 251 (253); *Eyermann/Fröhler*, § 42 Rdn. 24.
[27] Das gilt selbstverständlich nur, soweit die Drittwirkung des Vertrages nicht gesetzl. geregelt ist. Vgl. etwa § 636 I RVO.

schutz Dritter durch die vorbeugende Unterlassungsklage gegen die Leistungshandlung gewährleistet. Dies gilt insbesondere für die Konkurrentenklage gegen Subventionen.

6. Unterschiede zwischen sVV und VA

61. Unterschiede in der Bindungswirkung

611. Bindungseintritt und Bindungsdauer beim VA

Beim VA erfolgt der Bindungseitritt grundsätzlich bei seinem Erlaß, und zwar unabhängig davon, ob der VA rechtmäßig oder rechtswidrig ist. Abgesehen vom beschränkten Suspensiveffekt von Widerspruch und Anfechtungsklage (§ 80 VwGO) stellt lediglich der nichtige VA eine Ausnahme dar. Ein solcher liegt nach der herrschenden Evidenztheorie nur vor, wenn der Fehler besonders schwer und offenkundig ist[1]. —

Bei der Bindungsdauer ist zu differenzieren zwischen begünstigenden und belastenden VAen. Belastende VAe sind in der Regel frei aufhebbar[2]. Begünstigende rechtmäßige VAe sind nur unter engen Voraussetzungen widerruflich: Wenn der Widerruf durch Rechtsvorschrift oder Widerrufsvorbehalt zugelassen ist, wenn der Begünstigte eine Auflage nicht oder nicht fristgerecht erfüllt, wenn eine wesentliche Veränderung der tatsächlichen Verhältnisse oder der Rechtslage eingetreten ist und schließlich stets dann, wenn der Widerruf zur Verhütung oder Beseitigung überwiegender Nachteile für das Gemeinwohl dringend erforderlich ist[3].

Doch auch begünstigende rechtswidrige VAe sind nicht ohne weiteres rücknehmbar. Denn hier kann das Gesetzmäßigkeitsprinzip und das Interesse der Verwaltung an der Unterbindung rechtswidriger Begünstigungen in Konflikt geraten mit dem schutzwürdigen Vertrauensinteresse des Bürgers auf den Fortbestand der Begünstigung[4]. Daher ist die Annahme, geschehenes Unrecht sei stets durch die einfache Umkehrung des Unrechtsaktes wiedergutzumachen, vereinfachend[5].

---

[1] Vgl. *Redeker/v. Oertzen*, § 42 Rdn. 70, mit zahlr. w. Nw.

[2] Vgl. *Redeker/v. Oertzen*, § 42 Rdn. 63 u. 65 m. Nw. an Rspr. u. Lit. — Eine Ausnahme gilt nur, wenn die Behörde zum Erlaß eines rechtmäßigen, belastenden VA verpflichtet war.

[3] Hierzu im einzelnen *Redeker/v. Oertzen*, § 42 Rdn. 64 m. w. Nw.

[4] Aus dem zahlreichen Schrifttum zu diesem Problem sei hier vor allem genannt: *Ossenbühl*, Die Rücknahme fehlerhafter begünstigender Verwaltungsakte, 2. Aufl., Berlin 1965. Vgl. im einzelnen: BVerwGE 5, 312; 8, 261; *Bachof*, Rspr. I, S. 261 f. (Nr. C 25); *Wolff*, VwR I, S. 389 ff.; *Kimminich*, Jus 1965, 249 usw.

6. Unterschiede zwischen sVV und VA

Der dargestellte Konflikt kann also nur mittels einer Interessenabwägung im Einzelfall gelöst werden, wobei bei VAen mit Dauerwirkung zu differenzieren ist zwischen der Rücknahme ex tunc und ex nunc[6]. Im einzelnen ist insbesondere zu berücksichtigen, ob der Begünstigte seine Lebensführung einschneidend geändert hat oder etwas „ins Werk gesetzt" hat[7]. Überwiegen die Interessen des Bürgers, so ist ferner zu unterscheiden, ob sie schutzwürdig sind, oder ob den Bürger ein Verschulden an der Fehlerhaftigkeit trifft.

612. Bindungseintritt und Bindungsdauer beim sVV

Die Bindungswirkung des sVV weicht von der des VA durchaus in wesentlichen Punkten ab[8]. Nur ein kleiner Unterschied ergibt sich zunächst beim Bindungseintritt, der beim sVV bei Vertragsschluß, d. h. erst bei Einverständnis beider Partner erfolgt[9]. Sehr erheblich sind aber die Unterschiede bezüglich der Bindungsdauer.

6121. Rechtswidrigkeit und Nichtigkeit — Bestandskraft?

Der entscheidende Unterschied zwischen VA und sVV bezüglich der Bindungsdauer liegt darin, daß bei dem Vertrage Rechtswidrigkeit und Nichtigkeit zusammenfallen[10]. Allerdings wird diese Tatsache von einer vordringenden, von Wolff[11] wohl zu Recht schon als herrschend bezeichneten Meinung geleugnet[12]. Insbesondere sollen auch nach dem RegEVwVerfG rechtswidrige Verträge nur im Rahmen der in § 55 abschließend geregelten Nichtigkeitsgründe unwirksam sein[13]. Zur Be-

---
[5] *Bachof*, Rspr. I, S. 261 f. (Nr. C 25)) gegen die Überbetonung des Gesetzmäßigkeitsprinzips durch *Forsthoff*, LB I S. 263. Folgte man Forsthoff, so wären wohl auch alle Vorschriften über die materielle und formelle Rechtskraft nichtig. (Argument v. BVerwG, NJW 1961, 1131.)
[6] BVerwGE 10, 308 (309).
[7] *Haueisen*, DVBl. 1959, 233; vgl. auch BVerwGE 10, 308 (309).
[8] a. A. *Pieper*, DVBl. 1967, 17.
[9] Wird z. B. ein Subventionsantrag gestellt, so könnte der VA sofort erlassen werden. Für die vertragliche Regelung ist dagegen eine weitere Einverständniserklärung des Bürgers notwendig.
[10] So die früher h. M.: *Apelt*, S. 215 m. w. Nw.; *Bullinger*, S. 81; *Beinhardt*, VerwArch. Bd. 55, 253 f.; *Imboden*, S. 97 ff.; *Menger/Erichsen*, VerwArch. Bd. 58, 177; *Forsthoff*, LB I, S. 283; *Schick*, S. 45; *Gitzinger*, S. 83 f.; vgl. auch BGH, DVBl. 1967, 37 (einschränkend); BVerwGE 128 (136); BSGE 4, 31 (34); 16, 61 (63); *Götz*, JuS 1970, 5. Neuerdings insbes. *Renck*, NJW 70, 737, der sich mit Vehemenz gegen die Meinung von Haueisen wendet. (Vgl. dazu Fn. 12 und *Grund*, DVBl. 1972, 887.)
[11] *Wolff*, VwR I, S. 312.
[12] *Wolff*, VwR I, S. 312; *Kottke*, S. 80, 104; *Scheerbarth*, S. 139; *Martens*, AöR 89 (1964), 459 ff.; *Stein*, AöR 86 (1961), 331; *Bisek*, S. 130 ff.; *Rüfner*, S. 341 f.; *Pieper*, DVBl. 1967, 18; *Haueinsen*, DVBl. 1968, 287 u. NJW 1969, 124; BSGE 26, 210 (211) und BSG, NJW 1968, 176; OVG Münster, DVBl. 1973, 696.
[13] Gleichlautend EVwVerfG in der Münchener Fassung von 1966; sachlich gleich, jedoch im Aufbau unklarer, bereits die Fassung von 1963. Völlig un-

gründung dieser letztgenannten Meinung werden im wesentlichen folgende Argumente vorgetragen: Es widerspreche dem Wesen des Vertrages[14], der unbedingten Vertragsverbindlichkeit[15], wenn jede Rechtswidrigkeit zur Unwirksamkeit führe. Der Bestand des Vertrages werde dadurch unerträglich belastet[16]. Das Interesse des Staates an Rechtssicherheit sei beim Vertrage nicht geringer als beim VA[17], und das Vertrauen des Bürgers in den Bestand der Regelung sei gleichermaßen schutzwert[18].

Diese Argumente sind aber in keiner Weise überzeugend. Es gibt keinen Grundsatz des Inhalts, daß eine unbedingte Vertragsverbindlichkeit bei ursprünglich rechtswidrigen Verträgen besteht. Wollte man ihn aufstellen, so hieße das in der Tat, die Einbettung des Vertragsbegriffs[19] ins geltende Rechtssystem zu zerstören. Im Gegenteil ist der geltenden Rechtsordnung der Grundsatz zu entnehmen, daß die Verbindlichkeit des Vertrages in jedem einzelnen Falle nicht nur an entgegenstehenden Rechtsnormen (vgl. § 134 BGB)[20], sondern sogar an den Maßstäben des Sittengesetzes (vgl. § 138 BGB) zu messen ist. Sollte es da wirklich noch einer ausgeklügelten Begründung dafür bedürfen, daß die Vertragsverbindlichkeit ihre Grenze finden muß an dem *Verfassungs*grundsatz von der Gesetzmäßigkeit allen Verwaltungshandelns[21]? Die Frage, „ob es sich bei einer einzelnen Vorschrift des öffentlichen Rechts wirklich um ein Verbotsgesetz" i. S. d. § 134 BGB handelt[22],

---

übersichtlich ist die Regelung des § 126 LVwG Schl.-H., die zwischen Nichtigkeit und (zeitl. begrenzter) Vernichtbarkeit, sog. Unwirksamkeit, differenziert.

[14] EVwVerfG, Einzelbegründung, S. 200.
[15] EVwVerfG, Einzelbegründung, S. 199; RegEVwVerfG, Einzelbegründung zu § 55, BT Drucks. VII/910, S. 81.
[16] EVwVerfG, Einzelbegründung, S. 201; RegEVwVerfG, BT Drucks. VII/910, S. 81.
[17] *Stein*, AöR 86 (1961), 331; *Bisek*, S. 132.
[18] *Haueisen*, NJW 1969, 124; *Bisek*, S. 132.
[19] Von manchen wird der Vertragsbegriff sogar für apriorisch gehalten: z. B. *Forsthoff*, LB I, S. 269; *Stern*, VerwArch. Bd. 49, 123 m. w. Nw.
[20] Welche Rechtsnormen Verbotsgesetze sind, kann jeweils nur nach Sinn und Zweck der Einzelnorm beurteilt werden, da § 134 BGB als Blankettnorm zu verstehen ist. (Vgl. *Martens*, AöR 89, 459.)
[21] Auch *Beinhardt*, VerwArch. Bd. 55, 254 leitet die Nichtigkeit aller rechtswidriger Verträge aus dem Vorrang des Gesetzes her.
[22] *Bisek*, S. 130; auch *Martens*, AöR Bd. 89, 459, hält § 134 BGB für den maßgeblichen Ausgangspunkt. Das OVG Münster, DVBl. 1972, 799 (801) sieht einen Verstoß gegen zwingendes Recht darin, daß in einem Vertrag der vom Gesetz geforderte geringe zeitliche Abstand von Vorausleistung eines Erschließungsbeitrages und endgültiger Herstellung der Erschließungsanlage verlängert wird. Wenn das OVG nun aber die Nichtigkeit statt unmittelbar aus der Rechtswidrigkeit erst aus einer analogen Anwendung von § 134 BGB herleitet, so zeigt sich hier die Gefährlichkeit einer unreflektierten Anwendung zivilrechtlicher Vorschriften im öffentl. Recht: Der blanke Verweis auf § 134 BGB wird zum Ersatz einer Begründung. Das OVG erörtert mit keinem Wort, warum es die Voraussetzungen des § 134 BGB für gegeben erachtet.

ist schon im Ansatzpunkt verfehlt, weil nicht das Bürgerliche Gesetzbuch, sondern das Verwaltungs- und das Verfassungsrecht über die Rechtmäßigkeit öffentlich-rechtlichen Verwaltungshandelns entscheidet. Ausschließlich dort, wo sich das öffentliche Recht als lückenhaft erweist, können zivilrechtliche Vorschriften herangezogen werden. Auf die Frage, wann staatliche Rechtsetzungs- und Normenvollzugsakte unwirksam sein müssen, gibt aber Art. 20 III GG eine unmißverständliche und nicht im mindesten lückenhafte Antwort: Die Derogationswirkung aller Staatsakte in Gesetzesform gegenüber allen Akten einer niedrigeren Stufe der Normenhierarchie[23] läßt keinen Raum für rechtswidrig wirksame Verwaltungsverträge.

Nur der Gesetzgeber selbst kann die Rechtswirksamkeit rechtswidriger Staatsakte anordnen, so wie dies in den Vorschriften über die Rechtskraft von Urteilen[24] und Bestandskraft von VAen[25] geschehen ist. Es verbietet sich aber von selbst, mit den vagen Hinweisen auf Rechtssicherheitsinteresse des Staates[26] und Vertrauensschutz des Bürgers[27] die Vorschriften über die Bestandskraft von VAen gegen ihren Wortlaut und gegen den übergeordneten Verfassungsgrundsatz der Gesetzmäßigkeit ausdehnend auch auf Verträge anzuwenden[28].

Wo der Gesetzgeber selbst die Rechtswirksamkeit rechtswidriger Verträge als Grundsatz (allerdings mit zahlreichen Ausnahmen) angeordnet hat[29] bzw. im Begriffe steht, dies zu tun[30], ist diese Regelung dogmatisch verfehlt und unzweckmäßig. Insbesondere ist der Vertrauensschutz keineswegs identisch mit der Rechtswirksamkeit rechtswidriger Verträge: Je nachdem, auf welcher Seite der Schwerpunkt der Leistung liegt, können Verträge nicht nur begünstigend, sondern auch belastend wirken — vor allem etwa, wenn die Behörde sich unzulässige Gegenleistungen versprechen läßt. Der Vertrauensschutzgedanke kann deshalb unmöglich zum Grundsatz der Wirksamkeit rechtswidriger Verträge führen; er kann nur die Rückabwicklung *nichtiger* Verträge nach den besonderen Umständen des Einzelfalles modifizieren[31].

---

[23] *Jesch*, S. 29.
[24] z. B. § 121 VwGO, § 325 ZPO i. V. m. den Vorschriften über die Rechtsmittelfristen.
[25] Vgl. etwa §§ 68, 70, 74 VwGO sowie § 58 II VwGO.
[26] *Stein*, AöR 86 (1961), 331; *Bisek*, S. 132.
[27] *Haueisen*, NJW 1969, 124; *Bisek*, S. 132.
[28] So aber die heute h. M. — vgl. Fn. 12. Im Ergebnis wie hier: *Grund*, DVBl. 1972, 887.
[29] § 126 LVwG Schl.-H.
[30] § 55 RegEVwVerfG.
[31] Der wirksamste Vertrauensschutz liegt deshalb darin, bei der Rückabwicklung von nichtigen Verträgen die Grundsätze über die Rücknahme von VAen entsprechend anzuwenden. Unwirksamkeit des Vertrages bedeutet aber nicht notwendig vollständige Rückabwicklung. Der Gedanke des Vertrauensschutzes wird in § 126 LVwG Schl.-H. und in § 55 RegEVwVerfG

Von entscheidender Bedeutung ist schließlich der Gesichtspunkt, daß die Regeln über die Bestandskraft von VAen untrennbar mit Gedanken der Vollstreckung verbunden sind. Hinter der Unanfechtbarkeit steht nicht in erster Linie ein allgemeiner Gedanke der Rechtssicherheit, sondern viel gegenständlicher der Wunsch des Staates, risikolos vollstrecken zu können. Auch bei der Rechtskraft von Urteilen ist doch die endgültige Vollstreckbarkeit eine maßgebliche Wirkung. Wo noch nicht vollstreckt werden kann, ist eben noch keine abschließende Rechtssicherheit[32]. § 128 LVwG Schl.H. und ebenso § 48 RegEVwVerfG gehen aber ganz offenbar von dem Grundsatz aus, daß aus Verträgen nicht vollstreckt werden kann[33]. Worin soll dann der Sinn der Bestandskraft liegen? Verweigert der Bürger die Leistung, so muß die Behörde — anders als bei dem VA — das Gericht anrufen. Es bleibt unerfindlich, welchen Sinn es haben soll, dann das Gericht an eine Bestandskraft des Vertrages zu binden und somit in der Sachentscheidung auf die Überprüfung von Nichtigkeitsgründen zu beschränken[34].

Entgegen der heute h. M.[35] und entgegen den Regelungen von RegEVwVerfG und LVwG Schl.H.[36] ist also davon auszugehen, daß ein ursprünglich rechtswidriger Vertrag keine Rechtswirkungen hervorbringen kann. Die Frage, inwieweit empfangene Leistungen vom Bürger zurückgewährt werden müssen, ist entsprechend den Vertrauensschutzgrundsätzen zu beurteilen, welche für die Rücknahme fehlerhafter VAe gelten.

6122. Verträge mit Dauerwirkung — clausula rebus sic stantibus

Anders als ursprünglich rechtswidrige Verträge sind Verträge mit Dauerwirkungen zu behandeln, die erst nachträglich durch eine wesentliche Änderung der Verhältnisse rechtswidrig werden, gegen überwie-

---

nicht ausreichend berücksichtigt. Vgl. zur Begründung im einzelnen *Bleckmann*, VerwArch. Bd. 63, 439 f.
[32] Dies gilt allerdings nur für Leistungsurteile.
[33] Etwas anderes gilt nach diesen Vorschriften nur für den Fall der ausdrücklichen Vereinbarung.
[34] Die Regelung des § 55 RegEVwVerfG ist aber auch aus anderen Gründen unbefriedigend: Die Nichtigkeitsgründe sind so zahlreich, daß es möglicherweise besser gewesen wäre, die Fälle der Wirksamkeit trotz Rechtswidrigkeit positiv zu formulieren. Das Verhältnis der Nichtigkeitsgründe zueinander ist unklar (vgl. hierzu *Bleckmann*, VerwArch. Bd. 63, 424), und die Vorschrift wird durch die Verweisung auf Nichtigkeitsgründe nach dem BGB sowie auf Nichtigkeit und Rechtswidrigkeit von VAen ein eindrucksvolles Beispiel an Kompliziertheit. Übertroffen wird sie in dieser Hinsicht allerdings noch durch § 126 LVwG Schl.H., wo neben rechtswidrig wirksamen und nichtigen Verträgen als dritte Kategorie noch befristet vernichtbare (sog. „unwirksame") Verträge vorgesehen sind. (Man konnte sich jedoch nicht entschließen, dann den Lauf der Frist auch wie bei VAen von einer Rechtsmittelbelehrung abhängig zu machen!)
[35] Siehe Fn. 12.
[36] Vgl. auch Fn. 13.

gende öffentliche Interessen verstoßen, oder deren Leistungspflichten unzumutbar werden. Hier sind sich Rechtsprechung[37] und Literatur[38] darin einig, daß auch im Verwaltungsrecht die clausula rebus sic stantibus zur Anwendung kommt[39]. Die schwerwiegende Veränderung der Verhältnisse bewirkt aber nicht ohne weiteres die Unwirksamkeit des Vertrages, sondern es erfolgt primär die Anpassung[40] an die veränderten Umstände[41]. Nur wenn die Anpassung zu keinem zumutbaren Ergebnis führen kann, wird der Vertrag unwirksam. Das BVerwG[42] knüpft ausdrücklich an die Rechtsprechung der Zivilgerichte zum Wegfall der Geschäftsgrundlage an. Hinsichtlich der Rechtsfolgen ist dem zuzustimmen. Bezüglich der Voraussetzungen sind aber Vorbehalte angebracht: Im öffentlichen Recht kann es nicht auf die (Fehl-)Vorstellungen der Parteien ankommen[43], sondern allein darauf, ob die tatsächlichen Verhältnisse sich so wesentlich geändert haben, daß der Vertrag rechtswidrig wird, gegen überwiegende öffentliche Interessen verstößt, oder die Leistungspflichten unzumutbar werden. —

Von der Änderung der Sachlage ist die Änderung der Rechtslage durch Gesetzesänderung zu trennen. Jede Änderung der Rechtslage wirkt unmittelbar auf den bestehenden Vertrag ein[44]. Durch rückwirkende Änderung von Rechtssätzen kann einer Vereinbarung die Grundlage ganz entzogen werden[45].

---

[37] BVerwGE 25, 299 (302 f.) m. w. Nw. bezeichnet die Anwendbarkeit der cl.r.s.st. auf öffentlich-rechtliche Verträge als ständige Rspr. Ebenso: BVerwG DÖV 1956, 410; BVerwG, VerwRspr. 24, 740; Preuß. OVGE 84, 301 (305); OVG Hamburg, MDR 1959, 608. Zur cl.r.s.st. bei Staatsverträgen vgl. BVerfGE 34, 216.

[38] *Apelt*, S. 222; *Imboden*, S. 107 f.; *Forsthoff*, LB I, S. 283; *Beinhardt*, VerwArch. Bd. 55, 258 f.; *Schröder*, S. 171 ff.; *Tober*, S. 36 ff.; *Haueisen*, DVBl. 1961, 837; DVBl. 1968, 286; *Rößler*, VerwPraxis 1956, 277; *Menger*, VerwArch. Bd. 52, 210; *Eckert*, DVBl. 1962, 16; *Simons*, S. 182 u. 185 f.; *Redeker*, DÖV 1966, 547 f.; *Löwer*, VerwArch. Bd. 56, 268; *Krause*, VerwArch. Bd. 61, 339; einschränkend: *Ipsen*, Subventionierung, S. 91.

[39] Das OVG Münster, DVBl. 1973, 696 will neben dem Anwendungsbereich der cl.r.s.st. ein Rücktrittsrecht nach Regeln über Rücknahme rechtsw. begünstigender VAe zulassen. Dies ist jedoch nach der hier vertretenen Ansicht entbehrlich, da Rechtswidrigkeit und Nichtigkeit zusammenfallen.

[40] Falls nicht die Parteien einen Abänderungsvertrag schließen, wird die Anpassung vom Gericht als rechtsgestaltende Entscheidung entspr. der aus § 242 BGB fließenden richterlichen Gestaltungsbefugnis vorgenommen. (h. M. vgl. *Esser*, Bd. I, S. 237 m. w. Nw.)

[41] *Schröder*, S. 172 m. zahlr. w. Nw. Ebenso BVerwGE 25, 299 (304), das jedoch im konkreten Ergebnis zum Erlöschen der Vertragsverpflichtung gelangt; RegEVwVerfG § 56. Anders aber § 127 LVwG Schl.H., wo eine Anpassung nicht vorgesehen ist. Kritisch dazu *Redeker*, DÖV 1966, 547, dem sich *Bisek*, S. 152, anschließt.

[42] BVerwGE 25, 299 (304).

[43] So auch *Schröder*, S. 171 u. insbes. S. 81: Die cl.r.s.st. betrifft nur die objektive Geschäftsgrundlage oder den „Wegfall" der Geschäftsgrundlage. In dieser Richtung auch *Tober*, S. 59 ff.

[44] *Schröder*, S. 172; ähnlich *Beinhardt*, VerwArch. Bd. 55, 259.

6123. Anfechtung?

Auch beim verwaltungsrechtlichen Vertrage ist es grundsätzlich möglich, sich wegen Willensmängeln von der Vertragsbindung zu befreien. Die bürgerlich-rechtlichen Vorschriften der §§ 117 ff., aber auch 779 BGB, sind insoweit entsprechend anwendbar[46]. Allerdings kann ein Anfechtungsrecht nur dem Bürger, nicht aber der Behörde zugestanden werden. Dieser wesentliche Unterschied zum Zivilrecht beruht auf einer typischen Besonderheit des öffentlichen Rechts: Da auf Seiten der Behörden nicht Individualpersonen, sondern Träger öffentlicher Verwaltung handeln, kann es auf subjektive Fehlvorstellungen und Willensmängel des handelnden Amtswalters nicht ankommen. Der Rechtsgedanke des § 166 I BGB läßt sich ins öffentliche Recht nicht übertragen. Denn für den Verwaltungsträger gilt nicht der zivilistische Grundsatz der freien Willensbestimmung, nach welchem es nicht auf Vernunft oder Unvernunft einer vertraglichen Regelung ankommt, sondern allein auf das wirklich Gewollte. Für die Träger öffentlicher Verwaltung ist nur maßgeblich, ob der Vertrag objektiv rechtmäßig oder rechtswidrig ist. Während der Bürger sehr wohl einen rechtmäßigen Vertrag z. B. wegen Irrtums anfechten kann, hat die Behörde ein schutzwürdiges Interesse nur an der Beseitigung rechtswidriger Verträge[47]. Da aber rechtswidrige Verträge nach der hier vertretenen Auffassung ohnehin nichtig sind, bleibt für eine Anfechtung verwaltungsrechtlicher Verträge durch die Behörde kein Raum. —

Hinsichtlich der Bindungswirkung ergeben sich somit durchaus wesentliche Unterschiede zwischen VA und sVV: Wegen der clausula rebus sic stantibus erweist sich der Vertrag als geschmeidiger. Infolge seiner Anpassungsfähigkeit kann er oft noch aufrecht erhalten werden, wo ein entsprechender VA widerrufen werden müßte. Andererseits ist jeder rechtswidrige Vertrag auch nichtig und insoweit ist seine Bin-

---

[45] Vgl. auch §§ 31 II, 79 BVerfGG.
[46] h. M. vgl. etwa: *Apelt*, S. 217; *Imboden*, S. 97; *Forsthoff*, LB I, S. 282; *Beinhardt*, VerwArch. Bd. 55, 254 f.; *Schröder*, S. 174 f. Zu beachten ist aber, daß bei der Irrtumsanfechtung gem. § 119 BGB durch das öffentliche Recht gewisse Modifikationen notwendig werden. So kann etwa der Motivirrtum durchaus beachtlich sein (vgl. *Krause*, VerwArch. Bd. 61, 335), und die Frage, ob der Irrtum verschuldet war, kann Bedeutung erlangen (*Krause*, JuS 1972, 430). Im öffentl. Recht muß stets nach der Erheblichkeit des Irrtums u. nach der Zumutbarkeit einer weiteren Vertragsbindung gefragt werden. Dies kann im Einzelfall zu einer weiteren, aber auch zu einer engeren Irrtumsanfechtbarkeit führen.
[47] Dies wurde bislang übersehen, vgl. Fn. 46. — Auch bei Täuschung und Drohung ist ein Anfechtungsrecht der Behörde entbehrlich: Bei der gebundenen Verwaltung kommt es nur darauf an, ob die objektiven Voraussetzungen des Anspruchs erfüllt sind. Bei Ermessensentscheidungen führen Täuschung und Drohung zur Fehl- (bzw. Nicht-)Ausübung des Ermessens und damit ohnehin zur Rechtswidrigkeit.

dungswirkung wesentlich geringer als die des VA. — Sie wird weiterhin geschwächt durch die Möglichkeit des Bürgers, in entsprechender Anwendung des BGB Verträge wegen Willensmängeln anzufechten.

62. Rechtsschutz

621. Gerichtliche Überprüfbarkeit

Die Ausgestaltung des Rechtsschutzes steht in engem Zusammenhang mit der Bindungswirkung. Aus der Tatsache, daß rechtswidrige Verträge nicht zu Leistungen verpflichten können, folgt, daß Verträge im Gegensatz zu bestandskräftigen VAen jederzeit gerichtlich voll überprüfbar sind[48].

622. Rechtsweg

Bei Streitigkeiten aus verwaltungsrechtlichen Verträgen ist gem. § 40 Abs. I Satz 1 VwGO der Rechtsweg zu den Verwaltungsgerichten gegeben[49]. Dies gilt nicht nur für Leistungsansprüche, sondern — um eine Zweigleisigkeit des Rechtsschutzes zu vermeiden — auch für Schadensersatzansprüche aus verwaltungsrechtlichen Verträgen[50], denn die Vorschrift des § 40 Abs. II VwGO ist systemfremd und muß deshalb eng ausgelegt werden. Sie ist auf die Verletzung von Amtspflichten und ähnlichen durch das Gesetz begründeten Pflichten zu beschränken und kann nicht auf vertragliche Pflichtverletzungen ausgedehnt werden[51].

---

[48] Wie hier die früher h. M. — vgl. Fn. 10; a. A. die Vertreter der Ansicht, welche zwischen Nichtigkeit und bloßer Rechtswidrigkeit differenzieren will — vgl. Fn. 12. Nach der letztgenannten Ansicht beschränkt sich die gerichtliche Überprüfbarkeit auf die Nichtigkeitsgründe.

[49] *Redeker/von Oertzen*, § 40 Rdn. 10.

[50] Sehr str.: Wie hier OVG Lüneburg, DÖV 1968, 803 (805); wohl auch BVerwG, DVBl. 1971, 412 (Leitsatz u. S. 414); BVerwG, DÖV 1974, 133; *Redeker/v.Oertzen*, § 40 Rdn. 10 mit zahlr. w. Nw.; *Wolff*, VwR I, S. 317 m. w. Nw.; a. A. BGH DVBl. 1965, 276 (277); OVG Münster, BB 1973, 1513; *Blume*, S. 179; im einzelnen zur Problematik *Menger/Erichsen*, VerwArch. Bd. 56, 281 ff. mit einem Überblick über den Stand der Meinungen. Den Argumenten pro und contra bei Menger/Erichsen ist nicht viel hinzuzufügen (vgl. aber ergänzend *Simons*, S. 194 ff.); lediglich die Wertung ist m. E. anders vorzunehmen. Vorrangig muß der Gedanke sein, daß Primär- und Sekundäransprüche beim sVV nicht durch verschiedene Rechtswege auseinandergerissen werden dürfen. So auch ausdrücklich OVG Lüneburg, DÖV 1968, 803 (806) und *Wolff*, VwR I, S. 317. — Abzulehnen ist auch eine Aufgliederung verwaltungsrechtlicher Verträge nach p.r. und ö.r. Elementen (dazu *Lerche*, S. 59 ff.). Zweifelnd *Menger/Erichsen*, VerwArch. Bd. 56, 281.

[51] Ebenso *Simons*, S. 194 ff. mit eingehender Begründung.

623. Klageart und Klagenotwendigkeit

Zur Feststellung der (Un-)Gültigkeit einzelner Vertragsbestimmungen sowie der (Un-)Wirksamkeit des gesamten Vertrages ist stets die Feststellungsklage gem. § 43 VwGO zulässig. Für primäre Leistungsansprüche und sekundäre Schadensersatzansprüche wegen der Verletzung vertraglicher Verpflichtungen ist die allgemeine Leistungsklage gegeben.

Begehrt der Bürger den Abschluß eines Vertrages, so hat er in der Regel nicht die Möglichkeit einer „Vertragsklage", weil es grundsätzlich nur einen Anspruch auf eine rechtsverbindliche Regelung, nicht aber einen Anspruch auf eine bestimmte Regelungsform geben kann, da die Form ja gerade im Ermessen der Behörde steht[52]. Wird aber eine rechtsverbindliche Regelung begehrt, so ist die Verpflichtungsklage die geeignete Klageart, ohne daß es darauf ankommt, ob nach der Verwaltungspraxis eher eine Regelung durch VA oder eine Regelung durch sVV zu erwarten ist[53].

Sehr umstritten ist die Frage, ob die Verwaltung ihre vertraglichen Ansprüche gegen den Bürger im Parteistreitverfahren geltend machen muß oder aber ob sie Leistungsbescheide erlassen kann. Das BVerwG hat seine Rechtsprechung zur Rückforderung überzahlter Beamtenbezüge[54], die in ihrer vollen Problematik erst sichtbar wurde, als das BVerwG auch die Heranziehung eines Soldaten zum Schadensersatz aus schuldhafter Dienstpflichtverletzung durch Leistungsbescheid für zulässig erklärte[55], beim allgemeinen Erstattungsanspruch fortgesetzt[56] und schließlich sogar auf Vertragsverhältnisse ausgedehnt: Auch wenn eine Vereinbarung getroffen wurde, sei ein Leistungsbescheid zulässig[57]. Diese Entscheidung des BVerwG zeigt aber deutlich, daß der einseitige

---

[52] Lediglich für den Fall, daß eine Ermessensschrumpfung auf Null gegeben ist, die Behörde also von der Vertragsform Gebrauch machen muß, kann mit der allgemeinen Leistungsklage begehrt werden, die Behörde zum Abschluß eines Vertrages zu verpflichten. In der Regel wird die Verurteilung so erfolgen, daß die Behörde verpflichtet wird, mit dem Bürger einen Vertrag unter Beachtung der Rechtsauffassung des Gerichts abzuschließen. Besteht bzgl. des Vertragsinhalts keinerlei Ermessensfreiheit mehr, so kann die Behörde im Einzelfall auch einmal zur Abgabe einer ganz bestimmten Willenserklärung verurteilt werden. In diesem Fall, der sicherlich die Ausnahme darstellt, könnte dann § 894 Abs. I ZPO entsprechend angewandt werden.
[53] Vgl. die ausführliche Begründung unten 782.
[54] Vgl. z. B. BVerwGE 13, 248 (249) u. mit ausführl. Begründung 28, 1.
[55] BVerwGE 18, 283 (285). Im einzelnen zur Problematik die kritischen Ausführungen von *Bachof*, Rspr. II, S. 23 ff., Nr. A 18 u. 19 m. zahlr. Nw. an Rspr. u. Lit.
[56] z. B. BVerwGE 18, 308 (314) — überzahlte Wiedergutmachungsleistungen — und BVerwGE 20, 295 (298) — zu Unrecht ausgezahlte Subvention.
[57] BVerwGE 25, 72 (78).

Eingriff durch Leistungsbescheide in Vertragsverhältnisse[58] schlechthin nicht mehr begründet werden kann. Der unglückliche Versuch, dies dennoch zu tun, offenbart dogmatische Unklarheit und Widersprüchlichkeit: „Die Vereinbarung über die Höhe der Entschädigung wegen eines Besatzungsschadens ist ein Verwaltungsakt und kein Vertrag[59]." Dennoch bedurfte es „keiner Entscheidung durch anfechtbaren Verwaltungsakt"[60]. Es handelte sich „nicht um eine rechtsgeschäftliche Vereinbarung"[61] trotz der Tatsache, „daß die Entschädigungsfrage im vorliegenden Falle durch eine Vereinbarung geregelt worden ist"[62], der Entschädigungsanspruch durch die Vereinbarung begründet wurde[63]. Es kommt auch gar „nicht darauf an, ob die Beteiligten sich hier durch eine Vereinbarung auf den Boden der Gleichordnung gestellt haben. Maßgebend ist insoweit vielmehr das sich aus der Antragstellung ergebende Verwaltungsrechtsverhältnis ..., das nicht auf der Gleichordnung beruhte"[64].

Für die Möglichkeit, daß die Verwaltung gegenüber ihrem Vertragspartner vom Leistungsbescheid Gebrauch machen kann, ist eine dogmatische Begründung offenbar nicht möglich. Zudem können dafür auch keine maßgeblichen Praktikabilitätserwägungen angeführt werden[65], da ja die Verwaltung selbst wählen kann, ob sie durch VA handeln oder sich auf die Gleichordnungsebene begeben will. Mit der überwiegenden Meinung in der Literatur[66] ist daher die Zulässigkeit von

---

[58] Nach OVG Münster, OVGE 16, 12 (18) soll sogar die Vertragserfüllung mit hoheitlichen Maßnahmen erzwungen werden können! Zurückhaltender OVG Münster, DÖV 1971, 500: Der Leistungsbescheid sei zulässig, weil sich die Vereinbarung nicht auf die Kostentragungspflicht bezogen habe, sondern lediglich auf die Zahlungsweise (Ratenzahlung).

[59] BVerwGE 25, 72 (73), Leitsatz!), ebenso S. 78.

[60] BVerwGE 25, 72 (75).

[61] BVerwGE 25, 72 (75).

[62] BVerwGE 25, 72 (74).

[63] BVerwGE 25, 72 (75).

[64] BVerwGE 25, 72 (79). Vgl. ferner die Formulierungen „daß die Vereinbarung zurückgenommen werden durfte" (S. 81); „für die obrigkeitliche Gewalt gilt, daß sie ... zwangsweise vollstreckt werden darf" (S. 76); interessant ist auch, daß sich das Rechtsschutzbedürfnis nach den — nach Ansicht des Senats falschen! — Ratschlägen des Verwaltungsgerichts richten soll (S. 80).

[65] Für die Rspr. zum Erstattungsanspruch erscheint wenigstens dies noch möglich — vgl. *Bachof,* Rspr. II, S. 27, Nr. A 20.

[66] *Redeker,* DÖV 1966, 546; *Bisek,* S. 162; *Lerche,* S. 82 ff.; *von der Groeben/ Knack,* § 128, Rdn. 1; *Wolff,* VwR I, S. 312 u. insbes. S. 316 mit einem Überblick über den Stand der Meinungen. Ferner BSGE 35, 47 (51) und OVG Münster, DÖV 1967, 722 mit überzeugender Begründung. Anders noch OVG Münster, OVGE 16, 12 (18) und OVG Hamburg, VerwRspr. 8, 228 (230): Die Vertragserfüllung könne in hoheitlicher Weise gefordert und durchgesetzt werden. Wie die letztgenannten Entscheidungen auch *Warthuysen,* SKV 1965, 155; *Eckert,* DVBl. 1962, 21; zweifelnd: *Beinhardt,* VerwArch. Bd. 55, 260 u. *Rupp,* JuS 1961, 62.

Leistungsbescheiden innerhalb eines Vertragsverhältnisses abzulehnen. Auch die Verwaltung muß primäre und sekundäre Vertragsansprüche mit der Leistungsklage verfolgen.

63. Vollstreckbarkeit

Bei der Frage der Vollstreckbarkeit zeigt sich der „Durchsetzungsminderwert"[67], den der Vertrag im Verhältnis zum VA besitzt. Der vertraglichen Koordination entspricht es, daß keine der Parteien unmittelbar aus dem Vertrage vollstrecken kann. Allerdings steht einer Vollstreckung aus dem Vertrage nichts entgegen, soweit die Unterwerfung unter die sofortige Vollstreckung ausdrücklich vereinbart wurde[68]. Eine Ausnahme gilt ferner für den gerichtlichen Vergleich, da dieser gem. § 168 Abs. I Nr. 3 VwGO Vollstreckungstitel ist[69]. — Die Formen der Vollstreckung bestimmen sich jeweils nach den §§ 167 ff. VwGO[70].

64. Verfahren und Form

Im Verhältnis zum VA ergeben sich für den sVV auch Besonderheiten bzgl. Verfahren und Form: Beim sVV ist das rechtliche Gehör besonders gut gewährleistet, da ohne beiderseitige Willensübereinstimmung der Vertrag nicht zustandekommen kann. — Eine Rechtsmittelbelehrung ist ebenso überflüssig wie ein Widerspruchsverfahren, da Verträge nicht wie Verwaltungsakte bestandskräftig werden können, sondern jederzeit gerichtlich voll überprüfbar sind[71].

Aus Beweisgründen, aber auch um Aufsicht und Kontrolle durch die vorgesetzten Behörden nicht zu erschweren, muß man grundsätzlich mit dem RegEVwVerfG, § 53[72], Schriftform für den Vertrag fordern, jedoch kann durch Rechtsvorschrift eine andere Form vorgesehen werden[73]. Diese Ausnahme ist besonders deshalb wichtig, weil im Bereich der öffentlich-rechtlichen Nutzungsverhältnisse die Schriftform praktisch undurchführbar wäre. Die Möglichkeit, in der Satzung den formlosen Abschluß von Verträgen vorzusehen, eröffnet dem sVV auch im Bereich der Anstaltsnutzungsverhältnisse ein weites Anwendungsfeld[74].

---

[67] *Bullinger*, Ged. Schr. f. Peters, S. 681.
[68] So § 47 EVwVerfG; § 128 LVwG Schl.H.; § 57 RegEVwVerfG.
[69] Vgl. *Löwer*, VerwArch. Bd. 56, 263.
[70] *Löwer*, VerwArch. Bd. 56, 263; *Bisek*, S. 163.
[71] Vgl. hierzu oben 621.
[72] Ebenso LVwG Schl.H., § 124 und schon EVwVerfG, § 43.
[73] So LVwG Schl.H., § 124, RegEVwVerfG, § 53 und schon EVwVerfG (1963), § 43. Anders aber EVwVerfG (1966 — „Münchner Fassung"), § 43 und RegE VwVerfG, § 53 i. d. F. von 1970.
[74] Vgl. hierzu *Rüfner*, S. 317 f., 325.

65. Leistungsstörungen

Wollte man die weitreichenden Probleme der Leistungsstörungen in verwaltungsrechtlichen Schuldverhältnissen darstellen, so wäre das nur bei einer Ausführlichkeit möglich, die den Rahmen dieser Arbeit sprengen würde[75]. Als Grundsatz kann jedoch festgehalten werden, daß die Vorschriften des BGB über die Haftung (§ 276, § 278)[76], Nichtleistung (§§ 275, 323 f., 279, 280, 325) positive Vertragsverletzung und Verzug (§§ 286 ff., 326) entsprechende Anwendung finden können. Jedoch ist stets zu prüfen, ob das öffentliche Recht und das öffentliche Interesse, dem der Vertrag doch letztlich dienen soll, nicht im einzelnen Modifikationen der zivilrechtlichen Grundsätze verlangen[77]. So ist insbesondere Vorsicht geboten bei einer Heranziehung der Regelungen aus dem besonderen Teil des Schuldrechts des BGB[78]. Ferner ist beispielsweise der Fahrlässigkeitsbegriff im öffentlichen Recht als „eine Außerachtlassung der durch das öffentliche Interesse gebotenen Sorgfalt" zu definieren[79]. — Besondere Aufmerksamkeit ist im Einzelfall auch der Frage zu widmen, ob die Verwaltung vom Bürger unbeschränkt Schadensersatz wegen Nichterfüllung verlangen kann. Denn das Verhalten einzelner, die z. B. Subventionen nicht bestimmungsgemäß verwenden, kann insbesondere bei Einbeziehung aller mittelbaren Schäden sehr weitreichende Folgen haben. Angesichts der enormen Abhängigkeit des Bürgers von staatlichen Gewährungen darf die mögliche Schadens-

---

[75] Vgl. aber im einzelnen *Simons:* „Leistungstörungen verwaltungsrechtlicher Schuldverhältnisse", Berlin 1967; ferner hierzu: *Beinhardt,* VerwArch. Bd. 55, 256 - 260; *Eckert,* DVBl. 1962, 11; *Wolff,* VwR I, S. 313 ff.; *Papier:* „Die Forderungsverletzung im öffentlichen Recht."

[76] Entsprechende Anwendung der Vertragshaftung, insbes. von § 278 BGB wird bejaht von BGH, NJW 1973, 1741 ff. — Zur Haftung aus culpa in contrahendo vgl. OVG Münster, BB 1973, 1513, das allerdings zu Unrecht den Zivilrechtsweg für gegeben hält; sowie VG München, Bay. VBl. 1973, 135 und BVerwG, DÖV 1974, 133. — Zu Fragen der Haftungsbeschränkung vgl. z. B. *Rüfner,* DÖV 1973, 808 - 811; *Tiemann,* Bay. VBl. 1974, 54 - 67; BGH, NJW 1973, 1741; BGH, DVBl. 1974, 42.

[77] Interessant ist in diesem Zusammenhang auch das Urteil des OLG Köln, DVBl. 1971, 423, zur Frage, ob bei der Übereignung von Grundstücken in ö.r. Erschließungsverträgen § 313 BGB zu beachten sei. Das OLG bejaht diese Frage. Richtiger wohl *Ziegler* in der Anmerkung, DVBl. 1971, 425, der die Analogiebasis verneint. Der BGH, VerwRspr. 24, 591 hat allerdings die Ansicht des OLG Köln bestätigt.

[78] Zu einem ö.r. „Kauf" vgl. z. B. BSGE 35, 188 und BGHZ 59, 303, der allerdings die ö.r. Besonderheiten nicht berücksichtigt und zu weitgehend das gesamte Kaufrecht des BGB als „allgemeinen Rechtsgedanken" anwenden will. Vgl. hierzu im einzelnen die berechtigte Kritik von *Stürner,* JuS 1973, 749; kritisch auch *Menger,* VerwArch. Bd. 64, 305. — Zu ö.r. „Geschäftsführung ohne Auftrag" vgl. Bay. VGH, VerwRspr. 24, 542 (545 ff.) — Zur Anwendung der p.r. Vorschriften über den Verwahrungsvertrag auf ö.r. Verwahrungsverhältnisse vgl. BGH, JuS 1974, 191 (mitgeteilt von Weber).

[79] *Simons,* S. 149; *Beinhardt,* VerwArch. Bd. 55, 256; *Eckert,* DVBl. 1962, 15 sowie schon Art. 189 I 2 EVwRO f. Wttbg.

ersatzpflicht nicht dazu führen, daß der Empfänger staatlicher Leistungen für ihn unübersehbaren Risiken ausgesetzt ist. Es stellt sich deshalb insoweit die Frage, ob nicht Grundsatz der bloße Entzug, die Rückgewähr der zu Unrecht empfangenen Leistung sein sollte[80].

Es ist also festzustellen, daß sich vor allem hinsichtlich der Bindungswirkung, aber auch bzgl. Verfahren, Form und Vollstreckbarkeit erhebliche Unterschiede zwischen VA und sVV zeigen. Diese Unterschiede zu leugnen, ist dogmatisch verfehlt und unpraktikabel, weil gerade die Verschiedenartigkeit von VA und sVV dazu beiträgt, die Rechtsformen des Verwaltungshandelns zu bereichern und den Erfordernissen des Einzelfalles anzupassen.

---

[80] *Beinhardt*, VerwArch. Bd. 55, 258 und ebenso *Eckert*, DVBl. 1962, 18 f., übersehen diese Problematik, wenn sie den Bürger ausdrücklich auch für mittelbaren Schaden haften lassen wollen.

7. Eignung des sVV zur Regelung von Subventionsverhältnissen — insbesondere von öffentlichen Darlehen

71. Notwendigkeit neuer Formen in der Leistungsverwaltung

Die überragende Bedeutung der heute noch ständig wachsenden[1] Aufgaben der Leistungsverwaltung wurde erst in unserem Jahrhundert voll sichtbar. Dementsprechend steht die rechtswissenschaftliche Durchdringung dieses Bereichs noch in den Kinderschuhen[2]. Praktisch wenig, dogmatisch gar nicht befriedigende Hilfskonstruktionen wie Zweistufentheorie und Verwaltungsprivatrecht stehen an Stelle eines überzeugenden Rechtsformensystems. Das Privatrecht wird aus den Vermögensrechtlichen Beziehungen des Staates zurückgedrängt oder von öffentlich-rechtlichen Bindungen überlagert. Unsicherheit in Fragen des Rechtsweges und dogmatische Verwirrung sind die Folge.

In dieser Situation können auf den sVV einige Hoffnungen gesetzt werden, da er die Flexibilität der Vertragsform mit den Sicherungen des öffentlichen Rechts vereint. Als Beispiel für die Anwendungsmöglichkeiten des sVV in der Leistungsverwaltung eignet sich am besten das Gebiet der Subventionen[3].

72. Verharren der h. M. bei der Zweistufentheorie

Grundsätzlich werden für die Vergabe von Subventionen vier Rechtsformen erörtert[4]: Der p.r. Vertrag[5], die gemischt ö.r.-p.r. Konstruktion

---

[1] Allein dem Umfang nach hat die Leistungsverwaltung die Eingriffsverwaltung bereits überflügelt. (*Bullinger*, Vertrag, S. 230.) Auf die zunehmende Bedeutung der Leistungsverwaltung weist auch *Bachof* hin. (Entwicklungstendenzen, S. 16.)

[2] Zu den Ursachen der mangelhaften dogmatischen Bewältigung der Leistungsverwaltung eingehend *Bachof*, VVdStRL 30, 212 ff.

[3] *Götz*, S. 3: „Ein Begriffskern des Inhalts, daß Subv. finanzielle Begünstigungen Privater sind, steht fest." Auf eine genaue Begriffsbest. kann hier verzichtet werden. Die folgenden Ausführungen beziehen sich vor allem auf den staatl. Kredit. Der sVV ist aber auch sinnvoll bei Bürgschaften, Refinanzierungszusagen, Preislenkung (gem. § 8 GetrG, § 9 ZuckG) usw. — Zum Begriff der Subv. vgl. etwa *Eppe*, S. 29 ff. (S. 72); *Ipsen*, S. 7; *Stern*, JZ 1960, 519 ff.; *Siebert*, Fschr. f. Niedermeyer, S. 235; *Hansmeyer*, S. 9 ff.; *Janknecht*, S. 5 ff. m. w. Nw.

[4] Vgl. z. B. *Janknecht*, S. 15 ff.; *Wolff*, VwR III, S. 221 f.; *Zuleeg*, S. 7 ff.; *Ipsen*, Subv. S. 66 ff.

72. Verharren der h. M. bei der Zweistufentheorie

(Zweistufenlehre), der VA und schließlich der sVV. Für die rechtliche Konstruktion von öffentlichen Krediten und Bürgschaften, die zwar nur einen Teil des Subventionsrechts ausmachen[6], aber heute eine hervorragende Bedeutung erlangt haben[7], hat sich die Zweistufenlehre in der Rechtsprechung[8] und weitgehend auch in der Literatur[9] durchgesetzt und behauptet zählebig das Feld.

In Anbetracht der eminenten dogmatischen und praktischen Schwächen der Zweistufentheorie ist dies nur historisch zu verstehen: Bis etwa zur Mitte unseres Jahrhunderts bestanden keinerlei Zweifel an der p.r. Natur der Subventionsverhältnisse[10], wobei hier offen bleiben kann, ob diese Tatsache auf eine im Zusammenhang mit der Fiskuslehre vorgenommene Umdeutung ursprünglich öffentlichrechtlicher in privatrechtliche Rechtsverhältnisse zurückzuführen ist[11], oder ob nicht vielmehr erst „gesteigerte Gerechtigkeitsanforderungen" unserer Zeit dazu nötigen, auch die vermögensrechtlichen Verhältnisse des Staates den Bindungen des öffentlichen Rechts zu unterwerfen[12].

Jedenfalls bestehen heute keinerlei Zweifel mehr daran, daß der Einsatz öffentlicher Mittel zur Erfüllung sozialstaatlicher Pflichten „ein Vorgang im Bereich des öffentlichen Rechts" ist[13]. Dieser Erkenntnis trug die Zweistufentheorie Rechnung durch die Vorschaltung des Bewilligungsbescheides, der als VA über das „Ob" der Subventionierung entscheidet (Primärstufe). Doch konnte sich die Zweistufentheorie aus

---

[5] So noch BVerwG, DÖV 1971, 312 m. abl. Anm. von *Heinze*.

[6] Zu weitgehend aber *Götz*, S. 57, der öff. Kredite u. Bürgschaften gar nicht als „Subventionsverhältnisse" bezeichnet und konstruiert wissen will.

[7] *Roser*, S. 1.

[8] Grundlegend: BVerwGE 1, 308 (309 f.); ferner: BVerwGE 7, 180 (182); 7, 89 (90); 13, 47 (50 ff.); 14, 65 (68); BGHZ 36, 91 (96); 40, 206 (210) m. w. Nw.; OVG Berlin OVGE 6, 71 (72); OVG Münster, BBauBl. 1957, 629; OVG Münster, OVGE 14, 274; VGH Mannheim, BBauBl. 1966, 509 (510); OVG Hamburg, BBauBl. 1959, 642, LVG Koblenz, BBauBl. 1954, 177.

[9] Grundlegend *Ipsen*, Subv., S. 65 ff.; ferner *Bellstedt*, DÖV 1961, 168; *Bullinger*, Vertrag, S. 101; *Dürig*, Maunz/Dürig/Herzog, Art. 1 Rdn. 137; *Dickmann*, DÖV 1957, 279; *Eppe*, S. 25 f.; *Forsthoff*, LB I, S. 197; *Henze*, S. 43 ff.; *Hörstel*, S. 19; *Menger*, DÖV 1955, 591; *ders.*, VerwArch. Bd. 50, 77; *Schüle*, VVdStRL 11, 97 f.; *Siebert*, Festschr. f. Niedermeyer, S. 236 f.; *Stern*, JZ 1960, 560; *Ule*, LB, S. 40; *Werner*, S. 113; einschränk. *Wolff*, VwR III, S. 263 f.

[10] *Kegel*, JZ 1951, 394 m. w. Nw. in Fn. 2; *Henze*, S. 76, weist darauf hin, daß auch das ältere schweizerische Schrifttum die p.r. Form vertrat; im deutschen Schrifttum sei „bislang einmütig die Auffassung vertreten worden, daß die Verwaltung bei der Gewährung von Krediten zu Förderungszwecken den Boden des Privatrechts nicht verläßt" (S. 77).

[11] *Forsthoff*, LB I, S. 29.

[12] *Bullinger*, Vertrag, S. 230. Bullinger, S. 201 ff. (205, 227), weist darauf hin, daß die frühere Bedeutung der Fiskuslehre für den Rechtsschutz enorm überschätzt werde.

[13] So BVerwGE 1, 308 (309 f.). Die Entscheidung folgt im übrigen der Zweistufentheorie.

der bisherigen Tradition nicht lösen: Anstatt konsequent zu einer einheitlich ö.r. Betrachtungsweise zu gelangen, blieb sie auf halbem Wege stehen (worin sich ihre Natur als Übergangslösung zeigt): Der ö.r. Primärstufe sollte die p.r. Abwicklung der Subventionierung folgen (Sekundärstufe)[14]. So wurde ein offener Bruch mit der traditionell rein p.r. Auffassung vermieden, was zweifellos zum schnellen Sieg der Zweistufentheorie beitrug. Dies um so mehr, als die Eignung ö.r. Handlungsformen — insbesondere des sVV — zur Regelung komplizierter Dauerrechtsbeziehungen noch nicht voll erkannt war, während das Privatrecht Sicherheit verhieß.

Auch terminologische Fußangeln waren wohl anfangs einem Durchbruch zur rein ö.r. Betrachtung der Subventionsverhältnisse im Wege. Nur schwer mochte es einleuchten, daß etwa ein Wohnbau-„Darlehen" oder ein „Kauf" gem. § 8 Getr G nicht nur nach den Vorschriften des BGB, sondern als öffentlich-rechtlicher Vertrag konstruiert werden kann[15].

Diese Umstände erklären, warum die einmal angestoßene Entwicklung zum öffentlichen Recht hin so zäh bei der Zweistufentheorie verharrte.

73. Kritik der Zweistufentheorie

731. Keine Einigkeit bei der Zweistufigkeitslehre

Wegen der unser Rechtssystem beherrschenden Zweiteilung in öffentliches Recht und Privatrecht mußte der Versuch einer Kombination oder wechselseitigen Verschränkung einer ö.r. und einer p.r. Rechtsbeziehung zu unklaren und unpraktischen Ergebnissen führen und eine Reihe kaum lösbarer Rechtsprobleme aufwerfen[16]. Es enstand ein „Rechtschaos"[17], da der „Gesamtkomplex der Rechtsbeziehungen zwischen Staat und Kreditnehmer eine fast unentwirrbare Gemengelage beider Rechtsgebiete darstellt"[18].

---

[14] Vgl. *Ipsen*, Subv., S. 66 f.

[15] z. B. *Modest*, GetrG, Anm. 9 - 13 zu § 8, der aus der gesetzl. Bezeichnung „Kauf" die p.r. Gestaltung des Preislenkungsvorgangs ableitet. Ähnlich BGHZ 20, 77 (80): Aus den Worten „Kauf", „Kaufpreis", „Rückkauf" sei zu folgern, daß der VA ein Privatrechtsverhältnis begründe. Vgl. auch *Dönhoff*, BB 1950, 831.

[16] *Janknecht*, S. 110.

[17] *Götz*, S. 62. Kritisch auch *Ossenbühl*, DÖV 1971, 515, der von einer „merkwürdigen Architektonik der Leistungsgewährung" in der Subventionsverwaltung spricht.

[18] *Henze*, S. 85, der jedoch keine Lösung sieht, die mit dem geltenden Recht vereinbar und der Zweistufentheorie vorzuziehen wäre.

Ablehnend gegenüber der Zweistufentheorie haben sich geäußert: *Flessa*, DVBl. 1957, 120 f. u. DVBl. 1959, 106 f.; *Haas*, DVBl. 1960, 307; *Zuleeg*, S. 69; *Eyermann/Fröhler*, § 40 Rdn. 46; *Roser*, S. 39 ff.; *Schlotke*, S. 41 ff.; *Götz*,

So ist es denn auch kein Wunder, daß es *die* Zweistufigkeitslehre gar nicht gibt[19]. Bei den zahlreichen Entscheidungen der Rechtsprechung und Stimmen der Literatur, welche das Subventionsverhältnis zweistufig konstruieren[20], ist übereinstimmendes Merkmal lediglich die Tatsache einer p.r. und einer ö.r. Stufe. Die Abgrenzung der Stufen voneinander, die rechtsdogmatische Begründung ihrer Abhängigkeit, ist so umstritten, daß man nicht einmal eine Meinung als herrschend bezeichnen kann, und auch in der Rechtsprechung eine klar Linie nicht zu entdecken ist[21].

732. Abgrenzung der beiden Stufen voneinander

Bei dem Versuch, die beiden Stufen voneinander abzugrenzen, wird ursprünglich folgende Unterscheidung getroffen: Ob überhaupt der Antragsteller in den Kreis der Kreditanwärter aufgenommen werde, sei auf der ersten, öffentlich-rechtlichen Stufe zu entscheiden[22]. Aber „das ‚Wie', das heißt der Inhalt des Geschäfts und seine Abwicklung, folgt den Regeln des Zivilrechts", und gehört somit zur zweiten Stufe[23]. Diese Differenzierung kann nicht überzeugen, wenn man sich vor Augen hält, daß die erste Stufe vor allem deswegen vorgeschaltet wurde, um dem Bürger Gleichbehandlung und Rechtsschutz zu sichern: Wenn für das *Wie* der Subvention die privatrechtliche Vertragsfreiheit[24] gelten soll, stößt die Zweistufentheorie weitgehend ins Leere. Gerade bezüglich der besonders wichtigen Darlehenssubventionen ist allgemein bekannt, daß ihr wirtschaftlicher Wert allein von den einzelnen Bedingungen — wie Zinssatz, Sicherheiten, Zweckgebundenheit, Laufzeit, Tilgungsraten usw. — abhängt.

Wegen dieser auf der Hand liegenden unsinnigen Konsequenz einer Differenzierung zwischen „Ob" und „Wie" erstreckt man heute meist die hoheitliche Entscheidung auch auf das „Wie" der Subvention[25] — wobei

S. 56 u. 62; kritisch auch: *Redeker/v. Oertzen*, § 40 Rdn. 13; *Schaumann*, JuS 1961, 111; stark einschränkend auch *Wolff*, VwR III, S. 264.

[19] So auch *Roser*, S. 51.
[20] Vgl. hierzu Fn. 8 und 9.
[21] Vgl. dazu unten 733.
[22] So ausdrücklich OVG Berlin, JR 1955, 75; ebenso *Bachof*, DÖV 1953, 423; *Dürig*, in: Maunz/Dürig/Herzog, Art. 1, Anm. 137.
[23] *Menger*, DÖV 1955, 591; ähnlich *Ipsen*, Subv., S. 66.
[24] Das wäre die unausweichliche Folge einer konsequenten Differenzierung zwischen „ob" und „wie".
[25] Der Bewilligungsbescheid enthält meistens sämtl. Einzelregelungen (vgl. *Gladis*, DVBl. 1970, 963). Dies liegt um so näher, als ja die Verwaltung bei Erfüllung hoheitl. Aufgaben ohnehin mit p.r. Mitteln ohnehin den ö.r. Bindungen unterworfen sein soll. Vgl. BGHZ 36, 91 (96) und *Bachof*, VVdStRL 12, 62 u. 83 sowie DÖV 1953, 423. — Würde nicht auch über das „Wie" hoheitlich entschieden, so wäre etwa die Zinsherabsetzung durch VA nicht möglich! So aber BVerwGE 13, 47 (52).

allerdings unklar bleibt, welchen Sinn nun die privatrechtliche Stufe noch haben soll. Doch eine sinnvolle Abgrenzung von der p.r. Stufe wird auch durch die Erweiterung der ö.r. Stufe nicht möglich. Zum Teil versucht man es mit einer konsequenten zeitlichen Trennung: Der Vollzug des begünstigenden VA durch Abschluß des p.r. Vertrages bringe das ö.r. Rechtsverhältnis zum Erlöschen[26]. Doch die scharfe Trennung der Stufen erwies sich als unpraktisch. Der Bürger wollte nicht, nachdem er sich mühsam vor dem Verwaltungsgericht einen Bewilligungsbescheid erkämpft hatte, nun etwa erneut vor dem Zivilgericht auf Auszahlung der Subvention klagen müssen[27]. Auch die Verwaltung hatte wie sich nun deutlich zeigte, gar kein Interesse an einer zivilrechtlichen Abwicklung des Subventionsverhältnisses: Sie wollte auf Grund öffentlichen Rechts durch Änderung oder Widerruf in das Subventionsverhältnis eingreifen können, bzgl. der Rückzahlung Leistungsbescheide erlassen[28] und nicht etwa vor dem Zivilgericht klagen!

Zahlreiche Anhänger hat daher eine Auffassung gefunden, die mehr oder weniger offen die dogmatischen Fesseln abstreift in der Hoffnung, so doch noch mit Hilfe der Zweistufentheorie zu sachgerechten Ergebnissen gelangen zu können: Ö.r. und p.r. Rechtsbeziehung laufen nebeneinander her unter wechselseitiger Verschränkung[29]. Nun ist also das Rechtsverhältnis zwischen der Verwaltung und ein und demselben Subventionsempfänger gleichzeitig öffentlich-rechtlich und nicht öffentlich-rechtlich, das heißt privatrechtlich! Eine Erklärung der Verwaltung kann erstens ein VA sein, der sich auf das ö.r. Subventionsverhältnis bezieht, zweitens eine p.r. Willenserklärung bzgl. des p.r. Subventionsverhältnisses und drittens ein privatrechtsgestaltender VA, der sowohl die ö.r. Beziehungen verändert als auch unmittelbar rechtsgestaltend auf das p.r. Subventionsverhältnis einwirkt[30]. Die Wahl des richtigen Rechtsweges wird für den Bürger zum Glücksspiel! —

Die Theorie von der Verschränkung zweier parallel konstruierter Rechtsbeziehungen beruht letztlich auf der neuerdings vom BGH noch einmal bestätigten Grundthese, eine Vertragspartei könne „unbeschadet der öffentlich-rechtlichen Ordnung und ohne Abweichung von

---

[26] So *Dickmann*, DÖV 1957, 279; BGHZ 40, 206 (211).
[27] *Ipsen*, Subv., S. 94 f.: zivilrechtl. Leistungsklage.
[28] Das wird vom BVerwGE 13, 307 (311) sowie VGH Mannheim, BBauBl. 1966, 509 (510) für zulässig gehalten.
[29] So *Ipsen*, S. 86 f., der aber dennoch der Verw. hoheitl. Eingriffe in die p.r. Stufe verwehrt: Für die Rückfdg. von Geldleistungen aus Darlehen sei der ordentl. Rechtsweg eröffnet (S. 101). Ferner: *Hamann*, BB 1953, 866; *Henze*, S. 86 f.; im Ergebnis auch BVerwGE 13, 47 (53); 13, 307 (310); VGH Mannheim, BBauBl. 1966, 509.
[30] So BVerwGE 13, 47 (52): Zinsherabsetzung sei p.r. gestaltender VA. Ebenso *Obermayer*, JZ 1962, S. 378 f.

der durch sie geregelten Aufgaben- und Lastenverteilung *zusätzlich* eine Verpflichtung als privatrechtliche Pflicht" übernehmen[31].

Diese These ist verhängnisvoll und schlichtweg falsch. Das obskure Wahlrecht zwischen öffentlichem Recht und Privatrecht wird hier auf die Spitze getrieben: Die Vertragspartner sollen nach ihrem Gutdünken sogar dann noch das Privatrecht wählen können, wenn die Verpflichtung bereits ö.r. begründet ist! Während die These vom Wahlrecht der Verwaltung bei Erfüllung öff. Aufgaben lediglich dogmatisch und praktisch verfehlt war, weil sie die Grenzlinie zwischen Öffentlichem Recht und Privatrecht in die Hände der Behörden legte, ist diese Variante nun offensichtlich logisch falsch: Schließen sich öff. Recht und Privatrecht gegenseitig aus, dann kann ein und dieselbe ö.r. Pflicht nicht gleichzeitig p.r. Pflicht sein[32]!

Nur *verschiedene* Rechtsbeziehungen, „die sowohl nach ihrer Rechtsnatur wie nach dem beteiligten Personenkreis differieren"[33], könnten nebeneinander herlaufen. Regelt aber die Verwaltung im Bewilligungsbescheid das Subventionsdarlehen, so kann dieses nicht durch einen rechtlich identischen p.r. Darlehensvertrag „zusätzlich" zwischen Verwaltung und Bürger geregelt werden[34].

733. Gegensätzliche Entscheidungen in der Rechtsprechung

Angesichts derartiger Verwirrung nimmt es nicht wunder, daß es sich als unmöglich erwies, die p.r. von den ö.r. Rechtsbeziehungen abzugrenzen. Die Rechtsprechung sah sich vor unlösbare Probleme gestellt. Eine Fülle gegensätzlicher Entscheidungen war die Folge:

Einmal wird der Streit über die Höhe der Zinsen dem Zivilrecht zugeordnet[35], dann wieder soll die Zinsherabsetzung durch VA möglich sein[36]. Einmal soll die Rückforderung eines Darlehens durch VA zulässig sein[37], dann wieder wird dafür der Zivilrechtsweg bejaht[38]. 1958 hält das BVerwG[39] die Entscheidung über eine Realförderung unter

---

[31] BGHZ 56, 365 (368) (Hervorhebung dort) mit Verweis auf BGHZ 32, 214 (216).
[32] Es kann ja auch nicht ein und dieselbe Handlung p.r. und ö.r. Natur sein! So schon RGZ 162, 364 (365 f.); BGHZ 2, 37 (43); 6, 304 (314); *Jellinek,* VwR, S. 50; *Flessa,* DÖV 1959, 106.
[33] *Bachof,* Rspr. II, S. 154 (Nr. 153).
[34] Auch die Zwischenschaltung von Kreditinstituten ändert ja nichts daran, daß Partner des „Darlehensvertrages" die Verwaltung bleibt, denn nicht die Bank, sondern die Verwaltung hat i.d.R. die Entscheidungskompetenz in allen wesentlichen Fragen. Hierzu im einzelnen unten 792.
[35] BVerwG, DVBl. 1959, 665; OVG Berlin, OVGE 6, 71 (72 f.).
[36] BVerwGE 13, 47 (52).
[37] BVerwGE 13, 307 (311); VGH Mannheim, BBauBl. 1966, 509.
[38] BGHZ 40, 206 (208 ff.); OVG Münster, OVGE 14, 274 (275).
[39] BVerwGE 7, 89 (91).

Bezugnahme auf die Zweistufentheorie für eine von den Verwaltungsgerichten überprüfbare „p.r. Erklärung mit ö.r. Bedeutung" (!) — vier Jahre später soll sie nicht überprüfbar sein, wegen ihrer rein p.r. Natur[40]. —

Völlig ungeklärt ist schließlich, welche Bedeutung die Form oder der objektive Wille einer Erklärung für die Frage hat, welcher Stufe die behördliche Erklärung zuzuordnen ist. Nach dem OVG Münster[41] sollte die Formaldeklaration entscheidend sein, während BGHZ 2, 37 (43) bei der Abgrenzung zwischen ö.r. und p.r. Handeln der Behörden objektive Kriterien für maßgeblich hielt. Eine weitere — allerdings wenig überzeugende — Variante bringt BGHZ 40, 206 (215 f.): Ein formeller VA, der als „Entscheidung" bezeichnet und mit Rechtsmittelbelehrung versehen ist, wird einfach in eine p.r. Willenserklärung umgedeutet. Diese Tendenz, Richtssicherheit und Dogmatik zu vernachlässigen, damit wenigstens im Einzelfall billige Ergebnisse erzielt werden können, spricht das BSG offen aus: Kann dem „Rechtsschutzbedürfnis besser entsprochen werden, wenn eine Willenserklärung der Verwaltung als VA qualifiziert und demgemäß der Anfechtung zugänglich gemacht wird, so ist einer solchen Auslegung der Vorzug vor einer p.r. Deutung zu geben"[42, 43]. —

734. Rechtliches Verhältnis der Stufen zueinander

Ebenso ungeklärt wie die Abgrenzung der Stufen voneinander ist die Frage, welcher Art ihr rechtliches Abhängigkeitsverhältnis ist[44].

---

[40] BVerwGE 14, 65 (70); zust. *Bachof*, Rspr. II, S. 153, Nr. B 152; vgl. auch Rspr. I, S. 174 Nr. B 16; ebenfalls zust. *Zuleeg*, NJW 1962, 2232.
[41] OVG Münster, OVGE 14, 274 (275).
[42] BSG, NJW 1960, 402 (405).
[43] An dieser Stelle sei darauf hingewiesen, daß sich die durch die Zweistufenth. hervorgerufene Unsicherheit auch in der Rspr. zur Preislenkung (nach § 8 GetrG, § 9 ZuckG) spiegelt: BGHZ 20, 77 (80) sowie BVerwGE 3, 205 (206); 9, 1 (1 f.) betonen die ö.r. Seite der Preislenkung: Zumindest die Festsetzung von Übernahme- und Abgabepreis sei VA. — BVerwGE 6, 244 (246); 11, 187 (187 f.) gehen noch weiter: Die Preislenkung sei ein rein öffentlich-rechtlicher Vorgang. —
BVerwGE 7, 264 (266) differenziert dagegen, allerdings wenig überzeugend: Verkäufe aus der Bundesreserve einschl. der Preisberechnung durch die Vorratsstellen seien p.r.
In BVerwG 16, 181 zeigt sich nun deutlich, daß der einheitliche Vorgang der Preislenkung nicht aufspaltbar ist. Der Versuch, dennoch einen selbständigen p.r. Teil zu konstruieren, führt zu Sätzen wie diesem: „... wodurch" (Übernahme zur Vorratshaltung und Rückverkauf an die Kl.) „die hoheitliche Festsetzung des Abgabepreises hinfällig wurde, und der Abgabepreis nur noch als ein nach bürgerlich-rechtl. Grundsätzen geforderter Kaufpreis Bedeutung behielt". — Auch hier liegt offenbar wieder die logisch falsche Auffassung zugrunde, daß ein und dieselbe Rechtsbeziehung sowohl p.r. als auch ö.r. sein kann!
[44] *Ipsen*, Subv., S. 87, hält diese Frage einer Klärung nicht für bedürftig und stellt die von ihm gewünschten Ergebnisse an Fallgruppen dar. (S. 87 ff.) Auch *Siebert*, Fschr. f. Niedermeyer, S. 237, läßt die Frage offen.

7341. Bewilligungsbescheid als Geschäftsgrundlage

Dogmatisch möglich wäre es, Widerruf und Nichtigkeit des Bewilligungsbescheides als auflösende Bedingungen des Darlehensvertrages zu vereinbaren bzw., wenn die Vereinbarung unterblieb, den Bestand des Bewilligungsbescheides als Geschäftsgrundlage aufzufassen[45]. Da aber die Vereinbarung einer solchen auflösenden Bedingung praktisch nicht geschieht, und wegen Fehlens oder Wegfalls der Geschäftsgrundlage der Vertrag lediglich für die Zukunft verändert werden kann[46], käme man bei dieser Betrachtungsweise kaum zu befriedigenden Ergebnissen[47].

7342. Bewilligungsbescheid als Rechtsgrund

Auch die Auffassung, die in dem Bewilligungsbescheid den Rechtsgrund für den Darlehensvertrag sieht[48], vermag nicht zu überzeugen, „weil der p.r. Darlehensvertrag die ‚causa' in sich selbst hat"[49], ein Darlehensvertrag mit Rechtsgrund außerhalb seiner selbst also im Privatrecht gar nicht bekannt ist und sich deshalb die offensichtliche rechtl. Abhängigkeit des Kreditvertrages vom Bewilligungsbescheid auf diese Art nicht befriedigend erfassen läßt.

7343. Bewilligungsbescheid als privatrechtsgestaltender VA

Zahlreiche Anhänger hat der Versuch gefunden, die Zweistufigkeitsprobleme mit Hilfe des privatrechtsgestaltenden VA wegzuräumen[50]: Begründung, Änderung und Aufhebung des p.r. Vertrages sollen durch VA mit unmittelbar p.r. gestaltender Wirkung zulässig sein. Dieser VA hat also eine doppelte Wirkung, da er sowohl die ö.r. wie auch die p.r. Rechtsbeziehung beeinflußt[51].

Die Anwendung des p.r. gestaltenden VA im Subventionsverhältnis ist dogmatisch völlig mißglückt. Daß nur sehr vereinzelt[52] auf diese Tatsache hingewiesen wurde, rührt daher, daß sich Rechtslehre und Rechtsprechung so weitgehend mit der Zweistufenlehre und ihren dog-

---

[45] So in der Tat *Modest*, GetrG § 8 Anm. 13. Vgl. auch *Zuleeg*, S. 69.
[46] Zur Geschäftsgrundlage vgl. den Überblick bei *Medicus*, § 7 III, S. 57.
[47] Ablehnend deshalb auch *Ipsen*, Subv., S. 90.
[48] z. B. *Ipsen*, Subv., S. 87, der darin jedoch nur eine Möglichkeit unter anderen sieht.
[49] *Imboden*, S. 161; ebenso *Roser*, S. 53; vgl. auch *Larenz*, LB II, § 68 I b, S. 404.
[50] *Siebert*, Fschr. f. Niedermeyer, S. 224; *Obermayer*, JZ 1962, 378; *Wolff*, VwR I, S. 102; VwR III, S. 264; BVerwGE 13, 47 (52).
[51] Davon zu trennen sind einzelne Versuche, dem Bewilligungsbescheid eine Doppelnatur zu geben: Er sei gleichzeitig VA und p.r. Willenserklärung. Vgl. etwa BVerwGE 1, 308 (310): Der Bew. Bescheid sei „nicht oder nicht nur eine Willenserkl. des Bürgerlichen Rechts". Noch deutlicher: BVerwGE 7, 89 (91). — Das ist aber aus logischen Gründen falsch. Vgl. auch Fn. 32.
[52] z. B. *Zuleeg*, S. 49 f.

matischen Fragwürdigkeiten abgefunden hatten, daß nur noch die Billigkeit im Einzelfall im Vordergrund stand[53].

Es unterliegt keinem Zweifel, daß in bestimmten Fällen *Rücknahme* oder *Widerruf* des Bewilligungsbescheides möglich sein müssen. Andererseits steht außer Zweifel, daß ein p.r. gestaltender VA nach Eintritt seiner Gestaltungswirkung aus Gründen der Rechtssicherheit grundsätzlich unwiderruflich ist[54]. Diese Diskrepanz läßt sich nicht befriedigend lösen[55].

Weiterhin sind p.r. gestaltende VAe im Subventionsverhältnis auch deswegen unzulässig, weil es an einer gesetzlichen Ermächtigung hierfür fehlt[56]. Denn nach dem rechtsstaatlichen Grundsatz vom Vorbehalt des Gesetzes bedürfen Eingriffe in die Rechtssphäre des Bürgers einer gesetzlichen Grundlage. Ein wesentliches Recht des Bürgers ist aber die Privatautonomie, die letztlich Ausfluß des Rechts auf freie Entfaltung der Persönlichkeit (Art. 2 I GG) ist. Daraus muß gefolgert werden, daß hoheitliche Eingriffe in die Privatrechtsordnung grundsätzlich einer gesetzlichen Ermächtigung bedürfen, wie sie ja auch in anderen Fällen p.r. gestaltender VAe gegeben ist[57].

Auch die Privatrechtsordnung selbst kennt als Entstehungsgründe für Schuldverhältnisse lediglich das Rechtsgeschäft und das Gesetz (das u. U. durch VAe konkretisiert wird), — Privatrechtsverhältnisse auf Grund einfachen VA ohne gesetzliche Grundlage sind unbekannt. —

Die schwerwiegenden rechtsstaatlichen Bedenken werden verstärkt durch den Gesichtspunkt, daß der Staat bei Eingriffen in das Subventionsverhältnis privatrechtliche Vertragsgestaltung in eigener Sache betreibt. Zulässige vertragsbegründende und vertragsgestaltende VAe setzen jedoch ein Dreiecksverhältnis voraus[58] und die Vorstellung, der Staat könne als Vertragspartner seine eigenen *privatrechtlichen* Leistungspflichten durch p.r. gestaltende VAe modifizieren oder gar aufheben, ist geradezu abenteuerlich[59].

---

[53] Vgl. hierzu oben 733. und Fn. 42.
[54] So ausdrücklich: BVerwGE, 29, 314 (316); ferner: *Forsthoff*, LB I, S. 270; *Wolff* I, S. 399; *Redeker/von Oertzen*, § 42 Rdn. 64 c mit zahlr. Rspr. Nw. — Dies gilt genauso für rechtsgestaltende Erklärungen des Privatrechts. Vgl. auch *Lange*, BGB AT, S. 88.
[55] Keine Lösungsansätze sind bei BVerwGE 13, 47 zu finden, das vereinfachend jegliche Erörterung der dogmatischen Eignung und der Zulässigkeit des p.r. gestaltenden VA innerhalb der Zweistufentheorie durch den Hinweis ersetzt, daß der p.r. gestaltende VA eine „nicht unbekannte Erscheinung" sei (S. 52).
[56] Ebenso *Zuleeg*, S. 48; *Flessa*, DVBl. 1957, 82; *Huber*, WVwR I, S. 79 u. S. 78; *Flume* II, S. 45 (§ 3 Nr. 9).
[57] Vgl. dazu z. B. die Fallgruppen bei *Huber*, WVwR I, S. 78 ff.
[58] *Zuleeg*, S. 50; ähnlich *Eyermann/Fröhler*, § 40 Rdn. 46.
[59] So aber BVerwGE 13, 47 (52).

735. Zusammenfassung

Zusammenfassend läßt sich also sagen, daß die Zweistufentheorie — in welcher Ausprägung auch immer — zur rechtlichen Erfassung von Subventionskrediten nicht geeignet ist, da sie dogmatisch bedenklich und unklar ist, und demzufolge auch in den praktischen Ergebnissen große Unsicherheit herrscht[60].

Auch unter rechtsstaatlichen Gesichtspunkten ist diese künstliche, umständliche, in sich zerstrittene und gegen die Prozeßökonomie[61] verstoßende Theorie bedenklich. Denn „Rechtsstaatlichkeit heißt zu einem ganz wesentlichen Teil: geordnetes, klares und übersichtliches, leicht zugängliches und mit größtmöglicher Beschleunigung zum Ziele führendes Verfahren"[62].

74. Einheitlich öffentlichrechtliche Konstruktion des Subventionsverhältnisses

Da heute allgemein anerkannt ist, daß die Vergabe von Subventionen der Hoheitsverwaltung zuzurechnen ist[63], liegt nichts näher, als das Subventionsverhältnis einheitlich öffentlich-rechtlich zu konstruieren. Demgemäß ist heute wohl auch h. M., daß verlorene Zuschüsse durch VA gewährt werden[64].

Die rein ö.r. Beurteilung des Subventionsverhältnisses ist in der Literatur schon mehrfach gefordert worden[65]. Insbesondere hat Roser für den staatlichen Kredit überzeugend dargelegt, daß die einheitlich ö.r. Erfassung dieses Subventionsverhältnisses möglich und zumindest der Zweistufentheorie klar überlegen ist[66]. Zweifellos wird der VA bei

---

[60] Allerdings soll nicht in Abrede gestellt werden, daß die Zweistufentheorie als Übergangslösung zunächst einen beachtlichen Fortschritt darstellte, indem sie ö.r. Rechtsschutz sicherte bei traditionsgemäß p.r. Handeln der Verwaltung. Besonders deutlich wird dies an dem Ausgangsfall der Filmbürgschaft — vgl. hierzu *Ipsen*, Fschr. f. Wacke, insbes. S. 142 ff.
[61] Die Zweigleisigkeit des Rechtsweges wird in BVerwGE 13, 307 (310) bejaht; ebenso das BVerwG U. v. 9.4.1959, Sammel- und Nachschlagewerk d. Rspr. 427, 3, § 254 Nr. 49. — Demgegenüber warnt BVerwGE 6, 244 (246) vor einer „Zerreißung der Rechtsschutzgewährung"; ebenso OVG Berlin, OVGE 6, 71 (75), das deshalb scharf trennen und auf der zweiten Stufe ausschließlich Privatrecht gelten lassen will.
[62] *Bachof*, VVdStRL 12, 76.
[63] *Ipsen*, Subv., S. 66; *Henze*, S. 57; *Eppe*, S. 25 m. w. Nw. in Fn. 4; BGHZ 57, 130 (132). Vgl. auch *Bachof*, VVdStRL 12, 61.
[64] So schon *Ipsen*, Subv., S. 68 ff. Ausdrücklich auch *Wolff*, VwR III, S. 263; *Werner*, S. 113; BGHZ 57, 130 (136); BVerwG, JZ 1969, 69.
[65] *Zuleeg*, S. 54 ff.; *Maunz*, Bay. VBl. 1962, 3; *Schindler*, S. 136; *Roser*, S. 69 f.; *Eyermann/Fröhler*, § 40 Rdn. 46; *Schlotke*, S. 47 f.; *Imboden*, S. 159 f. u. S. 210 m. w. Nw. in Fn. 654; vgl. auch *J. Wolff*, Der Betrieb 1970, 335.
[66] *Roser*, S. 69 ff.

einfachen, klar überschaubaren Rechtsverhältnissen — wie gerade z. B. verlorenen Zuschüssen — einen festen Platz im Subventionsrecht behaupten. Dies zeigt aber nur, daß auch — und gerade — im Subventionsrecht eine echte Alternative zwischen VA und sVV besteht, die allerdings nach Zweckmäßigkeitsgesichtspunkten aufzulösen ist: Zur Erfassung komplizierter Dauerschuldverhältnisse — um die es sich wohl bei der Mehrzahl der Subventionsverhältnisse handelt — erweist sich der sVV als wesentlich besser geeignet als der starre VA[67].

75. Bisherige Bedeutungslosigkeit des sVV im Subventionsrecht

In der Schweizer Rechtsordnung — die wegen der grundlegenden Unterscheidung zwischen öffentlichem Recht und Privatrecht mit der unseren gut vergleichbar ist[68] — nimmt der Subventionsvertrag, gerade auch als ö.r. Darlehen[69], einen festen Platz ein[70]. Dasselbe gilt für das französische Recht[71]. Doch bei uns blieb die verwaltungsvertragliche Regelung von Subventionsverhältnissen bisher auf wenige Ausnahmefälle beschränkt[72]. Das muß zunächst seltsam erscheinen, denn die Anwendung des sVV auf dem Gebiet der Subventionsverwaltung ist im Schrifttum *grundsätzlich* „allgemein anerkannt"[73]. Daß trotz dieser grundsätzlichen Anerkennung der ö.r. Subventionsvertrag ohne jede praktische Bedeutung blieb, liegt einerseits an der mangelnden — bzw. viel zu stark einengenden — dogmatischen Erfassung des sVV[74], anderer-

---

[67] z. B. hat die Verwaltung bei Subventionsdarlehen nach *Rüfner*, S. 337 „in Wahrheit nur die Wahl zwischen dem ö.r. Vertrag und dem zivilrechtlichen". Nach *Imboden*, S. 160, findet der sVV bei Aufgaben übertragenden Subventionen, „sogar seine bedeutsamsten Anwendungsmöglichkeiten". Auch im Fall von BVerwG, JZ 1969, 69 wäre der sVV die geeignete Regelungsform gewesen. Die Konstruktion als VA auf Unterwerfung wirkt unnötig kompliziert. — In ähnlichem Sinne für das französische Recht, *Scheuing*, S. 165 f. u.S. 194 f.

[68] *Zuleeg*, S. 9, m. zahlr. w. Nw. in Fn. 61.

[69] *Schindler*, S. 137 ff., insbes. S. 139 mit Verweis auf zwei unveröffentlichte Entscheidungen des Bundesgerichts in Fn. 57.

[70] *Imboden*, S. 160.

[71] Vgl. hierzu im einzelnen *Scheuing*, S. 160 ff.

[72] Vgl. hierzu aus der Rspr.: BVerwG, DÖV 1959, 706 (Margarinesubvention — allerdings wird stets nur von „Vereinbarung" gesprochen); VG Frankfurt, BB 1960, 1040 (Margarinesubvention); OVG Saarland, DÖV 1959, 708 (Zuschüsse für Jugendförderung); VG München, Bay. VBl. 1973, 135 (Zuschuß für Wasserversorgungsanlage); OVG Münster, BB 1972, 1297 (Margarinesubvention).

[73] So *Götz*, S. 44; vgl. auch *Bullinger*, Vertrag, S. 69 f.; *Siebert*, Fschr. f. Niedermayer, S. 237; und vor allem *Baur*, JZ 1963, 44, der den sVV für geeignet hält, die Schwierigkeiten der Zweistufentheorie zu überwinden.

[74] Fordert man mit *Stern*, JZ 1960, 561 sowie VerwArch. Bd. 49, 106, 121 ff. eine ausdrückliche gesetzliche Ermächtigung für den Abschluß von Verwaltungsverträgen, so ist der Subventionsvertrag nicht mehr als eine theoretische Denkmöglichkeit. So hat sich z. B. *Schlotke*, S. 45 ff., noch der norma-

seits an der Zugrundelegung eines *veralteten Vertragsbegriffs* und der daraus resultierenden *Forderung nach der Möglichkeit eines Einflusses des Bürgers auf den Inhalt des Subventionsvertrages*[75]. Diese Einflußnahme ist aber meistens wegen detaillierter Regelung durch Gesetz oder Verwaltungsvorschriften unmöglich gemacht! — *Es gehört zu den unerklärlichen Kuriositäten einer festgefahrenen Dogmatik, daß man einerseits behauptet, der Verwaltungsvertrag setze die Möglichkeit der inhaltlichen Einflußnahme durch den Bürger voraus (und dies wird aus dem Vertragsbegriff abgeleitet!) — andererseits aber im Rahmen der Zweistufentheorie einen p.r. Vertrag zweiter Stufe konstruiert, dessen Inhalt nicht nur faktisch, sondern ausdrücklich und förmlich durch VA (detaillierter Bewilligungsbescheid) einseitig hoheitlich festgelegt wird.*

76. Lösungen, die der Sache nach dem sVV nahe kommen

Bei diesen wenig sinnvollen einengenden Schranken, die dem Subventionsvertrag gesetzt werden, führt die Bemühung, an der Zweistufentheorie festzuhalten und gleichzeitig den ö.r. Charakter der Subventionierung zu betonen, verschiedentlich zu Konstruktionen, die sich der Sache nach dem sVV bereits weitgehend annähern. So sieht z. B. Hamann[76] in dem zivilrechtlichen Vertrag nur die formale Hülle für die ö.r. Beziehungen, so daß etwa ein Streit über die Zulässigkeit der Kündigung des Darlehens den Verwaltungsgerichten unterstünde[77]. Auch Bellstedt[78] betont, daß der Staat „nur der äußeren Form des Vertragsschlusses nach ... fiskalisch" handelt und spricht von „quasi privatrechtlichen Formen". Köttgen[79] sieht in den privatrechtlichen Verträgen

---

tiven Ermächtigungslehre angeschlossen und von diesem Ausgangspunkt den Subventionsvertrag abgelehnt. — BVerwG, JZ 1969, 69 glaubt den sVV im Subventionsrecht ablehnen zu müssen, weil die Subventionierung hoheitliches Handeln sei und sich die Parteien deshalb nicht „gleichberechtigt gegenüberstehen".

[75] So *Ipsen*, S. 70 u. S. 91; *Wolff*, bis zur 2. Aufl. VwR III, S. 222 (wie hier aber jetzt in der 3. Aufl. 1973, VwR III, S. 264!). — *Roser*, S. 68 f.; *Zuleeg*, S. 87; *Schlotke*, S. 47; *Huber*, DÖV 1956, 356; *Janknecht*, S. 72, 96; *Eyermann/Fröhler*, § 42 Rdn. 46; *Stern*, JZ 1960, 560 m. w. Nw. in Fn. 36; OVG Münster, DÖV 1967, 271 (lehnt allein deshalb Annahme eines Subventionsvertrages ab!); BVerwG, JZ 1969, 69; OVG Saarland, DÖV 1956, 708 (710). Ähnlich auch *Götz*, S. 45, der jedoch noch die Atypik hervorhebt. Konsequenz zeigt *Maunz*, Bay. VBl. 1962, 3, der wegen der fehlenden Einwirkungsmöglichkeit auch einen p.r. Vertrag zweiter Stufe ablehnt. Vgl. ferner *Kottke*, S. 28. — Richtig aber jetzt VG München, Bay. VBl. 1973, 135, das ausdrücklich Subventionsverträge auch dann zulassen will, wenn eine inhaltliche Einflußnahme des Bürgers nicht möglich ist.
[76] BB 1956, 866.
[77] Dagegen *Henze*, S. 82, der ebenfalls darauf hinweist, daß Hamann folgerichtiger zum ö.r. Vertrage hätte greifen müssen.
[78] DÖV 1961, 168.
[79] DVBl. 1953, 490.

zweiter Stufe „Vertragstypen besonderer Art, denen trotz ihrer zivilrechtlichen Grundstruktur nicht jeder publizistische Gehalt fehlen wird". Auch Siebert[80] spricht von einem „publizistischen Gehalt" des Darlehensvertrages.

Schließlich stößt man auch bei Betrachtung der verbreiteten Meinung[81] daß die ö.r. Rechtsbeziehungen auch nach Abschluß des p.r. Vertrages weiterbestehen, zwangsläufig auf die Frage, was eine so verstandene „Zweistufen"-Theorie eigentlich noch vom Verwaltungsvertrag unterscheidet — abgesehen von dem enormen konstruktiven Aufwand und den damit verbundenen Schwierigkeiten. Gewollt ist doch in beiden Fällen nichts anderes als die vertragliche Form unter Betonung der ö.r. Natur des Subventionsverhältnisses und unter Beachtung der ö.r. Bindungen.

77. Vorteile einer Subventionsregelung durch sVV gegenüber einer solchen durch VA

Erst durch die Aufgabe des Merkmals der Möglichkeit zur Einflußnahme des Bürgers auf den Vertragsinhalt ist nun der Weg frei für eine breitere Anwendung des sVV im Subventionsrecht.

Der augenfälligste Vorteil der vertraglichen Form gegenüber dem VA ist die klare und unkomplizierte Gegenüberstellung der beiderseitigen Rechte und Pflichten. Die zahlreichen Einzelbestimmungen verwickelter Dauerrechtsbeziehungen — gerade etwa bei staatlichen Krediten — in das starre Korsett von Auflage und Bedingung zu pressen, ist rechtstechnisch schwierig[82]. Es mutet umständlich, wenn nicht gewaltsam an. Ein ö.r. Darlehen als VA mit Auflagen zu konstruieren, wäre eine weitere weltfremde Juristenkonstruktion: Der mit Nebenbestimmungen gespickte VA muß auf den Bürger verwirrend wirken. Mißverständnisse und Rechtsstreitigkeiten wären die Folgen. —

Ein weiterer Vorteil der Vertragsform liegt, im Hinblick auf die Effizienz der Subventionierung, darin, daß der Subventionszweck deutlicher zutage tritt. Da der Staat bei dem gezielten Einsatz öffentlicher Mittel als Subventionen den jeweiligen Empfänger in die Erfüllung ganz bestimmter hoheitlicher Aufgaben einschaltet, ist jede Subvention zweckgerichtet[83]. Zur Verwirklichung des Subventionszweckes

---

[80] Fschr. f. Niedermeyer, S. 237 u. S. 240.
[81] Siehe oben Fn. 29.
[82] z. B. ist der in BVerwG, DÖV 1959, 706 entschiedene Fall einer Margarinesubvention, der sich mit Hilfe eines sVV ohne Schwierigkeiten lösen läßt, einer Regelung durch VA kaum zugänglich. — Auch die Preislenkungsvorgänge, die wegen ihrer Komplexität allenfalls gewaltsam in die Form von VAen zu bringen sind, wären mit Hilfe des sVV wesentlich leichter zu regeln. In diese Richtung weist bereits BVerwGE 6, 244 (246): Der Vorgang müsse einheitlich dem öffentlichen Recht zugeordnet werden.

wird häufig die Vergabe der Subvention von einem bestimmten Verhalten des Empfängers abhängig gemacht, so daß man insoweit von einer Gegenleistung[84] sprechen kann. Dieser „synallagmatische Charakter"[85] der Subvention kommt bei der Vertragsform am klarsten zum Ausdruck:

Einerseits wird der Staat als Leistender deutlich sichtbar, wodurch sich die Merklichkeit der Subvention erhöht[86], andererseits wird die deutlich formulierte Verpflichtung des Bürgers von diesem selbst übernommen und als Gegenleistung erkannt — während die Auflage stets nur als lästiges Beiwerk eines staatlichen Geschenks empfunden wird. Der psychologische Unterschied sollte nicht unterschätzt werden.

Insgesamt führt also die vermehrte Anwendung der Vertragsform zu klareren Rechtsverhältnissen, zu einer stärkeren Betonung des Zweckgedankens im Subventionsrecht und zu einer psychologisch begründeten intensiveren Bindung des Bürgers an seine Verpflichtung.

78. Kernprobleme des Subventionsrechts und ihre Lösung mit Hilfe des sVV

781. Begründung des Subventionsverhältnisses

Die rechtlichen Hauptprobleme der Subventionierung, vor denen die Zweistufentheorie im wesentlichen versagte, lassen sich bei dem ö.r Subventionsvertrag relativ einfach lösen[87].

Das einzige auf den ersten Blick nicht ganz einfache Problem bei der Vertragskonstruktion ist prozessualer Natur und betrifft die Bewilligung der Subvention: Wie kann dem Bürger, dessen Antrag abgelehnt wurde, Rechtsschutz gewährt und zu seinem Subventionsvertrag verholfen werden?

Um diese Frage beantworten zu können, sind zunächst die einzelnen Rechtsakte bis zum Vertragsschluß zu betrachten. Zunächst muß der Bürger[88] einen Antrag stellen, denn ohne einen solchen ist eine direkte

---

[83] *Ipsen*, Subv., S. 57.
[84] a. A. *Götz*, S. 45 Fn. 2: „Nicht Gegenleistungspflicht, sondern Unentgeltlichkeit ist Wesensmerkmal der Subvention." Götz will also offenbar eine bestimmte Verhaltensweise nicht als „Gegenleistung" gelten lassen. Das ist aber wohl nur eine terminologische Frage: An der Tatsache, daß ein großer Teil der Subventionen vom Empfänger ein ganz bestimmtes Verhalten verlangt, kann niemand vorbei! (Vgl. z. B. Stillegungsprämien, Zuschüsse aus dem Bundesjugendplan.)
[85] Von einem Synallagma i. e. S. wird man allerdings nur selten sprechen können, da das bezweckte Verhalten des Subventionsempfängers keineswegs immer eine echte Leistung darstellt.
[86] *Hansmeyer*, S. 25.
[87] Dazu unten 783.
[88] Gemeint ist hier nur der Endempfänger.

Subventionierung — gleich welcher Form — nicht möglich. Damit die Behörde handelt, muß ja der Bürger zunächst seinen Willen bekunden, daß er eine Subvention erhalten möchte. Wurde ein Antrag gestellt, so bestehen drei Möglichkeiten:
— Die Subvention wird durch VA bewilligt und geregelt.
— Es kommt ein Subventionsvertrag zustande: Der Antrag des Bürgers ist insoweit als invitatio ad offerendum zu werten. Darauf gibt die Verwaltung zu ihren Bedingungen ein Angebot ab und es folgt die Annahme durch den Bürger.
— Der Antrag wird abgelehnt.

Die Ablehnung des Subventionsantrages enthält unabhängig von der Rechtsform der Subventionsgewährung die verbindliche Feststellung, daß dem Bewerber die beantragte Subvention nicht zustehe und ist daher als Entscheidung der Verwaltungsbehörde über den Subventionsanspruch in jedem Fall ein VA[89].

782. Rechtsschutz bei Ablehnung des Antrags

Bei der Frage, welche Rechtsmittel der abgelehnte Bewerber hat, ist davon auszugehen, daß das Rechtsmittel unabhängig sein sollte von der Frage, ob die Subvention durch VA oder durch sVV zu gewähren wäre. Eine andere Auffassung würde eine starre, von vornherein überschaubare Einteilung voraussetzen, welche Subventionen durch VA und welche durch sVV gewährt werden. Gerade diese Starrheit gilt es aber zugunsten flexibler Zweckmäßigkeitslösungen unter Berücksichtigung aller Umstände des Einzelfalles zu vermeiden. Auch darf der rechtsschutzsuchende Bürger nicht damit belastet werden, seinerseits entscheiden zu müssen, ob die Verwaltung zum VA oder zum sVV greifen werde[90]. Trotz zweier möglicher Rechtsformen der Subventionierung darf es daher sinnvollerweise nur ein und dasselbe Rechtsmittel bei Ablehnung des Subventionsantrags geben.

Da es dem Antragsteller nicht um die Beseitigung des ablehnenden Bescheides, sondern vielmehr positiv um die Bewilligung der Subvention geht, scheidet die *Anfechtungsklage* als unzweckmäßig aus[91].

In Betracht kommt die *allgemeine Leistungsklage*. Da aber der Anspruch auf die Subventionsleistung sich in der Regel nicht unmittelbar aus dem Gesetz ergibt, sondern erst durch die Bewilligung der zu-

---

[89] *Götz*, S. 43.
[90] Zwar könnte im Einzelfall noch immer der Richter auf die Stellung des sachdienlichen Klageantrags hinwirken, doch ist es sicher zweckmäßiger, von Anfang an durch eine einheitliche Behandlung Unklarheiten auszuschließen.
[91] So *Eyermann/Fröhler*, § 42, Rdn. 10; unzulässig: *Redeker/v. Oertzen*, § 42, Rdn. 3.

ständigen Behörde entsteht, kann ohne die behördliche Bewilligung nicht auf die Auszahlung der Subvention geklagt werden — eine solche Klage wäre unbegründet. Klageziel ist deshalb zunächst die Bewilligung, also eine Amtshandlung zur unmittelbaren Herbeiführung von Rechtsfolgen — sei es nun durch Erlaß eines VA oder durch Abschluß eines sVV. Zwar könnte man daran denken, die Mitwirkung zum Vertragsschluß als „Leistung" einzuklagen, doch liegt das besondere dieser „Leistung" eben gerade darin, daß sie nichts anderes darstellt als eine rechtliche Einzelfallregelung. Für solche Fälle aber ist grundsätzlich die Verpflichtungsklage gegeben, die ja nichts anderes als ein Spezialfall der Leistungsklage ist[92].

Doch auch die *Verpflichtungsklage* will nicht genau passen. Der Wortlaut des § 42 I VwGO verlangt einen VA, und wo die Subvention durch sVV gewährt wird, ist Klageziel eben nicht der Erlaß eines VA, sondern die Mitwirkung zum Vertragsschluß!

Da offenbar keine der in der VwGO vorgesehenen Klagearten für die Klage auf Mitwirkung beim Vertragsschluß passend ausgestaltet ist[93], könnte man nun daran denken, eine neue Klageart zu konstruieren, ausgehend von der Tatsache, daß der Katalog der VwGO nicht enumerativ sondern erweiterungsfähig ist[94]. Doch diese neue Klage würde der Verpflichtungsklage des § 42 VwGO in allem entsprechen, nur daß nicht ein VA, sondern ein sVV erstrebt wird. Das ließe eine Neuschöpfung fragwürdig erscheinen.

Zahlreiche gewichtige Argumente sprechen hier für die Verpflichtungsklage:

(1) Wie bei der Subventionsregelung durch VA, ist es auch bei der erstrebten vertraglichen Regelung zweckmäßig und geboten, die Klage erst nach einem Widerspruchsverfahren zuzulassen.

(2) Generell ist das Subventionsverhältnis ohne Zweifel subordinationsrechtlicher Natur. Bei Subordinationsverhältnissen greift aber die Verpflichtungsklage ein, während die Leistungsklage bei Gleichordnungsverhältnissen gegeben ist[95]. Erst durch den erstrebten Vertragsschluß wird das Subventionsverhältnis im Einzelfall koordinationsrechtlich gestaltet, so daß auch erst *nach* Vertragsschluß für eine Leistungklage Raum ist[96].

---
[92] *Bachof*, Rspr. I, S. 239, Nr. B 120; *Eyermann/Fröhler*, § 42 Rdn. 9.
[93] Die Feststellungsklage scheidet gem. § 43 II VwGO aus, da hier in jedem Falle eine „Leistung" in weiterem Sinne begehrt wird.
[94] Vgl. z. B. Bay. VGH N. F. 20, 43 (47).
[95] *Eyermann/Fröhler*, § 42 Rdn. 4 a m. w. Nw.
[96] Deshalb kann *Lerche*, S. 77, nicht gefolgt werden, der die Leistungsklage mit der Begründung bejaht, daß das durch den Vertragsschluß entstehende Gleichordnungsverhältnis gleichsam vorauswirke.

(3) Bei dem erstrebten Vertragsschluß handelt es sich seitens der Behörde um eine Amtshandlung, da die „Ablehnung eine verbindliche Entscheidung über den geltend gemachten Anspruch enthielte"[97]. Wie beim VA handelt es sich bei dieser Amtshandlung um eine rechtliche Einzelfallregelung.

(4) Aus Gründen der Einfachheit und Klarheit ist es zweckmäßig, dieselbe Klageart bei allen Klagen auf Subventionierung zuzulassen, unabhängig davon, ob die Regelung schließlich durch VA oder durch sVV getroffen wird.

Die geeignete Klageart bei Klagen auf Abschluß von Subventionsverträgen ist deshalb die Verpflichtungsklage.

Meines Erachtens besteht bzgl. der Klage auf Abschluß von subordinationsrechtlichen Verwaltungsverträgen eine echte Gesetzeslücke, weil dieses Problem dem Gesetzgeber noch nicht regelungsbedürftig erschien. Da eine rechtsverbindliche Einzelfallregelung erstrebt wird, ist passend allein die Verpflichtungsklage[98], so daß § 42 I VwGO in diesem Sinne ergänzend ausgelegt werden muß[99].

783. Störungen des Subventionsverhältnisses

Gerade bei Störungen im Subventionsverhältnis zeigen sich die großen Vorteile der einheitlichen Vertragskonstruktion: Probleme, die der Zweistufentheorie fast unlösbar bleiben müssen, lösen sich mit Hilfe des Subventionsvertrages verblüffend einfach.

7831. Irrtum über das Vorliegen der Voraussetzungen der Subventionierung

Sachverhalt: Die Voraussetzungen für die Subventionierung wurden irrtümlich angenommen, lagen aber nicht vor.

---

[97] Definition der Amtshandlung bei *Bachof*, Vornahmeklage, S. 31.

[98] Zu diesem Ergebnis muß auch die Meinung gelangen, die ausgehend von § 113 IV VwGO die Vorschrift des § 42 I VwGO dahin korrigiert, daß mit der Verpflichtungsklage jede Amtshandlung begehrt werden kann, deren Ablehnung einen VA darstellen würde. So insbesondere *Bettermann*, NJW 1960, 650 sowie *Lerche*, S. 76, der jedoch gerade für den Fall des Verwaltungsvertrages zur Leistungsklage gelangt, weil er irrtümlich von einem Gleichordnungsverhältnis ausgeht. Vgl. Fn. 96. Die Verpfl. Klage wäre auch nach *Eyermann/Fröhler*, § 42, Rdn. 14 ff., gegeben, deren Weg, den Begriff des VA einfach auf alle „im Subordinationsverhältnis ergehenden Amtshandlungen" auszuweiten, weniger überzeugend ist. (Dagegen: *Bachof*, Rspr. I, S. 240, Nr. B 121.) — Lediglich die Leistungsklage käme in Frage nach *Klinger*, § 42 Anm. A 4; *Schunck/De Clerck*, § 42 Anm. 3 a aa; weniger deutlich: *Koehler*, § 42 Anm. B III 3 e; *Redeker/v. Oertzen*, § 42 Rdn. 6; *Schäfer*, DVBl. 1960, 838.

[99] Auf die „mangelnde Adaequanz zwischen Leistungsverwaltung und Klagensystem" weist schon *Bachof* in VVdStRL 12, 82 u. 77 hin. — *Imboden*, S. 162, will „in Offenheit auch rechtsgeschäftliche Akte des Staates im Justiz-

78. Kernprobleme der Subventionierung und ihre Lösung

Lösung: Da die gesetzlichen Voraussetzungen nicht vorliegen, ist der Vertrag rechtswidrig und deshalb nichtig, so daß es einer Anfechtung nicht bedarf[100]. Die Leistung kann als rechtsgrundlos nach Maßgabe des Vertrauensschutzes (wie bei Rücknahme begünstigender VAe[101]) zurückgefordert werden. Hat sich der Bürger nicht der sofortigen Vollstreckung unterworfen, so kann die Forderung nur durch Leistungsklage der Behörde geltend gemacht werden. — Der Bürger hat seinerseits die Feststellungsklage, daß der Vertrag wirksam sei.

7832. Nachträglicher Wegfall von Subventionsvoraussetzungen

Sachverhalt: Die Voraussetzungen für die Subventionierung sind nachträglich weggefallen.

Lösung: Rücktritt der Behörde auf Grund der clausula rebus sic stantibus[102]. Die nach Wegfall der Subventionsvoraussetzungen noch erbrachten, nun rechtsgrundlos gewordenen Leistungen können nach Maßgabe des Vertrauensschutzes zurückgefordert werden. — Der Bürger kann die Feststellungskalge erheben, daß der Vertrag fortbestehe.

7833. Nachträgliche Änderung von Subventionsbedingungen

Sachverhalt: Die Verwaltung will den Vertragsinhalt nachträglich ändern, z. B. Zinsänderung.

Lösung: Bei begünstigenden Änderungen kommt es ohne Schwierigkeiten zu einem Abänderungsvertrag. Belastende Änderungen können nur vorgenommen werden, soweit dies nach den Maßstäben der clausula rebus sic stantitus (cl.r.s.st.) zulässig ist. Die Änderungserklärungen sind keine Verwaltungsakte. Falls weder einseitige vertragliche Gestaltungsrechte — entsprechend § 319 BGB — vereinbart wurden, noch die

---

verfahren wie Verfügungen behandeln". Dies ist zwar richtig, doch ist zu betonen, daß die Gleichbehandlung ausschließlich im Hinblick auf den Vertragsabschluß gerechtfertigt ist, nicht aber bzgl. der Abwicklung oder Anfechtung des einmal abgeschlossenen Vertrages. Vgl. hierzu oben 623.

[100] Die Ausformung dieser rechtl. Einzelheiten des sVV, der insofern vom VA erheblich abweicht, wurde oben 6. dargestellt und begründet.

[101] Zum Vertrauensschutz bei Rücknahme begünstigender VAe vgl. Redeker/von Oertzen, § 42 Rdn. 65 ff., sowie oben 611. — Während bei VAen der Vertrauensschutz schon für die Beseitigung des Rechtsgrundes der Leistung besteht, kann der Vertrauensschutz bei vertraglichen Leistungen wegen des Zusammenfallens von Rechtswidrigkeit und Nichtigkeit nicht mittels Aufrechterhaltung des Rechtsgrundes einsetzen sondern erst eine Stufe später bei Rückforderung der Leistungen. Diese Verschiebung des Ansatzpunktes verlangt jedoch sonst keinerlei Modifikation des Vertrauensschutzes: Dieselben Grundsätze, welche bei VAen für die Beseitigung des Rechtsgrundes gelten, greifen nun für die Rückforderung der durch Nichtigkeit des Vertrages bereits rechtsgrundlos gewordenen Leistungen ein.

[102] Die cl.r.s.st. ist als Ausprägung des auch im öffentlichen Recht geltenden Grundsatzes von Treu und Glauben (§ 242 BGB) beim sVV anwendbar. Im einzelnen zur cl.r.s.st. oben 6122.

Grundsätze der cl.r.s.st. eingreifen, sind einseitige Änderungen des Vertrages nicht rechtswirksam.

Der Bürger kann auf Feststellung klagen, daß das Vertragsverhältnis unverändert fortbestehe.

7834. Beifügung belastender Nebenbestimmungen

Sachverhalt: Beifügung belastender Nebenbestimmungen — der Bürger behauptet nachträglich die Rechtswidrigkei einiger ihm lästiger Vertragsklauseln.

Lösung: Der Bürger kann auf Feststellung klagen, daß einzelne Vertragsklauseln rechtswidrig und daher unwirksam seien. Dadurch wird nicht etwa der ganze Vertrag hinfällig, denn erweisen sich einzelne Klauseln als rechtswidrig, so ist stets anzunehmen, daß die Verwaltung rechtmäßig handeln wollte, und der Vertrag deshalb auch ohne die rechtswidrigen Klauseln gewollt war. Der Rechtsgedanke des § 139 2. Halbsatz BGB findet hier entsprechende Anwendung.

7835. Nichtauszahlung der Subvention

Sachverhalt: Nichtauszahlung der Subvention nach Vertragsschluß.

Lösung: Der Bürger hat die Leistungsklage sowie ggf. Schadensersatzansprüche nach Amtshaftungsgrundsätzen und zwar unabhängig davon, ob die Subvention vom Träger öffentlicher Verwaltung direkt oder über eine zwischengeschaltete Bank ausgezahlt wurde. Die Bank ist insoweit nur Abwicklungsgehilfe. Die ö.r. Leistungsklage richtet sich gegen den Verwaltungsträger.

7836. Nichterfüllung von Vertragspflichten durch den Bürger

Sachverhalt: Nichterfüllung der Vertragspflichten durch den Bürger.

Lösung: Rücktritt und Rückforderung der Subventionsleistungen durch die Verwaltung. Falls dem Bürger unvorhersehbar seine Pflichterfüllung unmöglich oder unzumutbar wurde, greifen die Grundsätze des ö.r. Vertrauensschutzes ein.

Die Behörde ist aber auf die einfache Rückforderung der erbrachten Leistungen beschränkt[103]. Darüber hinausgehende Schadensersatzansprüche gegen den Bürger sind ausgeschlossen, da andernfalls das wirtschaftliche Risiko für den Subventionsempfänger zu groß wäre.

---

[103] Zu diesen Leistungen zählen natürlich auch z. B. Zinsvorteile bei öffentlichen Krediten.

79. Zwischenschaltung von Kreditinstituten

791. Grundschema der Rechtsbeziehungen bei Subventionierung durch sVV

Öffentliche Kredite werden in der Regel nicht unmittelbar vom Träger öffentlicher Verwaltung an den Subventionsempfänger ausgezahlt, sondern zur technischen Abwicklung wird meist ein Kreditinstitut eingeschaltet. Bei der Zweistufentheorie konnte nie überzeugend geklärt werden, in welcher Art und in welchem Umfang ö.r. Rechtsbeziehungen nach Abschluß des p.r. Darlehensvertrages (mit der Bank — oder mit der Verwaltung?) fortbestehen.

Geht man nun davon aus, daß der sVV die Rechtsform der Subventionierung ist, so werden die Rechtsbeziehungen überschaubar. Es ergibt sich folgendes Grundschema:

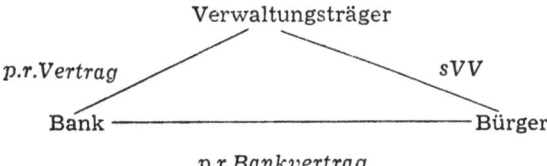

792. Die rechtliche Stellung der Bank

Einer näheren Begründung bedarf die rechtliche Stellung der Bank: Die Rechtsbeziehung zwischen dem Verwaltungsträger und dem Kreditinstitut ist maßgeblich davon abhängig, ob die Bank dem Bürger gegenüber selbständige Entscheidungsbefugnisse hat oder gleichsam nur als verlängerter Arm des Staates und ausschließlich in dessen Auftrag tätig wird. Nimmt man selbständige Befugnisse der Bank zu hoheitlichen Entscheidungen an — und hoheitlich sind alle wesentlichen Entscheidungen im Subventionsverhältnis — so müßte man die Bank als Beliehenen betrachten[104], wogegen sich allerdings Bedenken erheben, weil es an einer gesetzlichen Grundlage für die Beleihung meist fehlen wird[105].

---

[104] So *Hamann,* BB 1953, 867.
[105] Gesetzliche Grundlage verlangen: *Henze,* S. 92; *Ossenbühl,* VVdStRL 29, 205 (LS 13); *Huber,* WVwR I, S. 537; BVerwG, DÖV 1971, 312 (313); Bay. Verf. GH in std. Rspr. z. B. VGH N. F. 13 II, 53 (57) m. w. Nw. und NJW 1961, 163. a. A. *Hamann,* BB 1953, 867 und *Hörstel,* S. 14.
Richtig dürfte folgendes sein: Rechte des Beliehenen gegenüber dem Bürger werden nur begründet, wenn für die Beleihung eine gesetzl. Grundlage bestand. Die tatsächliche Übertragung und Wahrnehmung öffentl. Aufgaben genügt jedoch um Pflichten des „Beliehenen" gegenüber dem Bürger zu begründen und somit dem Bürger ö.r. Rechtsschutz zu sichern.

7. Der sVV als Regelungsform im Subventionsrecht

Selbständige Entscheidungsbefugnisse der zur Auszahlung von Subventionen eingeschalteten Kreditinstitute können aber in der Regel nicht festgestellt werden: In den meisten Fällen werden alle wesentlichen Entscheidungen vom Träger öffentlicher Verwaltung getroffen[106]. Die Bank ist dann bloßer Abwicklungsgehilfe. Die Rechtsbeziehung Bank - Verwaltungsträger ist privatrechtlich, da der Bank weder öffentliche Aufgaben übertragen noch ihr gegenüber öffentliche Aufgaben erfüllt werden.

Sofern die Bank keine wesentlichen Entscheidungsbefugnisse im Subventionsverhältnis hat, können auch keine ö.r. Rechtsbeziehungen zwischen ihr und dem Bürger bestehen, so daß sich die Rechtsbeziehung Bank - Bürger auf den p.r. Bankvertrag beschränkt, also auf die „bankmäßige Führung des Kredits"[107, 108].

Vereinzelt gibt es jedoch Subventionen, bei welchen die Kreditinstitute tatsächlich in der Art eingeschaltet werden, daß sie selbständige Entscheidungsbefugnisse haben[109]. Es handelt sich dabei um Zinszuschüsse des Bundes zu Krediten aus Eigenmitteln der Banken. Die Anträge sind an die Banken zu richten, und diese entscheiden in eigener Verantwortung, ob die Voraussetzungen gemäß den Subventionsrichtlinien für die Gewährung der Zinszuschüsse erfüllt sind[110].

Das zunächst besonders undurchsichtige Gemenge verschiedener Rechtsbeziehungen wird auch hier mit Hilfe des Verwaltungsvertrages überschaubar: Zwischen Bank und Bürger besteht ein p.r. Darlehensvertrag über das aus Eigenmitteln der Bank gewährte Darlehen. Nebenpflicht dieses Vertrages ist die ebenfalls p.r. Verpflichtung der Bank, die Zinszuschüsse anzufordern und zugunsten des Bürgers zu verrechnen, also die bankmäßige Bearbeitung der Zinssubvention. Die Entscheidung über den Subventionsantrag dagegen ist eine öffentliche Aufgabe. Sie wird durch koordinationsrechtlichen Verwaltungsvertrag (kVV) vom

---

[106] So *Henze*, S. 92, vgl. auch S. 91; auch *Hamann*, BB 1953, 867; *Roser*, S. 78 m. w. Nw. in Fn. 303.

[107] *Roser*, S. 78 ff.

[108] Wenn die Bank das Darlehen „im eigenen Namen" ausgibt (zu dieser Möglichkeit vgl. *Henze*, S. 94), so ist dies rechtlich unerheblich, da ja der ö.r. Darlehensvertrag bereits zwischen Verwaltungsträger und Bürger zustandegekommen ist, *bevor* er bankmäßig abgewickelt wird.

[109] Auf die rechtlichen Bedenken bei fehlender gesetzlicher Grundlage für diese Aufgabenübertragung wurde bereits oben 792. hingewiesen.

[110] So ausdrücklich Nr. III, IV der „Richtlinien über die Förderung von Eigentumsmaßnahmen im Wohnungsbau für die ‚Junge Familie' in der Fassung vom 5. Januar 1967" sowie Nr. IV, V der „Richtlinien für die Verbilligung von Darlehen zur Förderung der Modernisierung und Instandsetzung von Wohnbauten vom 19. Oktober 1971" des Bundesministers für Städtebau und Wohnungswesen. (Die Aktion „Junge Familie" ist allerdings 1967 ausgelaufen.)

79. Zwischenschaltung von Kreditinstituten

Bund auf die Bank übertragen. (Angebot des Bundes durch Zusendung der „Richtlinien" unter Verzicht auf Zugang einer Annahmeerklärung entsprechend § 151 BGB — konkludente Annahme der Bank durch Bearbeitung des ersten Antrages.) Bezüglich der Subventionsbewilligung, der Rückforderung zu Unrecht gezahlter Zinszuschüsse und anderen hoheitlichen Entscheidungen handelt die Bank nach Maßgabe der aufgabenübertragenden Richtlinien mit unmittelbar verpflichtender Wirkung für und gegen den Bund. Sie wird deshalb nicht selbst Vertragspartei des auf die Zinszuschüsse beschränkten Subventionsvertrages, sondern ist als Vertreter entsprechend § 164 BGB zu verstehen. Vertragspartei und im Rechtsstreit Gegner des Bürgers ist bzgl. der Subventionsbeziehung allein der Bund.

Es ergibt sich also folgendes Schema:

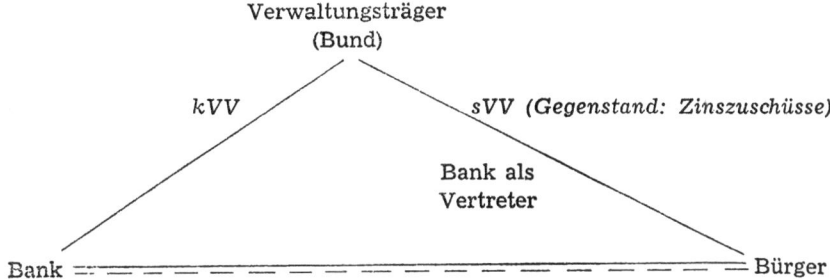

p.r.Darlehen *(Eigenmittel der Bank)*
p.r.Nebenpflicht: *Bankmäßige Bearbeitung der Zuschüsse*

Zusammenfassung der wichtigsten Ergebnisse

1. Die h. M. geht davon aus, daß die Verwaltung bei Erfüllung öffentlicher Aufgaben in begrenztem Umfang zwischen dem öffentlichen Recht und dem Privatrecht wählen könne. Diese Ansicht beruht auf dem richtigen Grundsatz, daß die Verwaltung in der Wahl ihrer Mittel frei ist. Vertragliches Handeln und einseitig verbindliches Handeln (VA) sind verschiedene Mittel. Da es heute (ö.r.!) Verwaltungsverträge gibt, ist aber vertragliches Handeln nicht (mehr) identisch mit p.r. Handeln. Hält man dennoch an einem Wahlrecht zwischen öffentlichem Recht und Privatrecht fest, so entartet dieses Wahlrecht im Bereich der Verträge zu einem Recht der Verwaltung auf rechtliche Qualifizierung ein und desselben Mittels. (Dies zeigt die BGH Rechtsprechung zu den Baudispensverträgen.) Die Unterscheidung zwischen öffentlichem Recht und Privatrecht ist aber eine rechtssystematische des objektiven Rechts. Deshalb gibt es keine Wahlfreiheit der Verwaltung zwischen öffentlichem Recht und Privatrecht. Die Abgrenzung zwischen p.r. Vertrag und verwaltungsrechtlichem Vertrag muß — soweit sie sich nicht aus den zu Grunde liegenden Rechtsnormen ergibt — objektiv nach der Art der zu erfüllenden Aufgaben erfolgen. *Unmittelbare Erfüllung öffentlicher Aufgaben* und öffentliches Recht sind dadurch zur Deckung gebracht. Ein Bereich des „Verwaltungsprivatrechts", in welchem wegen der angeblichen Wahlfreiheit zwar p.r. Handeln möglich sein soll, das Privatrecht aber — gerade weil die Verwaltung zur *unmittelbaren Erfüllung öffentlicher Aufgaben* handelt — durch die ö.r. Bindungen modifiziert werde, ist überflüssig.

2. Die Abgrenzung von sVV und VA wird von der h. M. danach durchgeführt, ob eine Möglichkeit zur inhaltlichen Einflußnahme auf die Regelung für den Bürger besteht. Dieses Kriterium ist praktisch unbrauchbar und dogmatisch verfehlt — es wurde bei zivilrechtlichen Verträgen längst aufgegeben. Es verhinderte bislang eine breitere Anwendung des sVV vor allem im Subventionsrecht, da die gesetzlichen Regelungen meist wenig oder gar keinen Spielraum für individuelle Vertragsgestaltung lassen. — Die Abgrenzung muß nach dem Rechtsfolgewillen der Beteiligten erfolgen, welcher sich objektiv aus Form, Bezeichnung, Terminologie und einzelnen Bestimmungen der Regelung ergibt.

3. Der sVV ist die geeignete Rechtsform für zahlreiche Subventionen, insbesondere Kreditgewährungen. Die Zweistufentheorie ist zur rechtlichen Erfassung von Subventionskrediten nicht geeignet, da sie dogmatisch bedenklich und unklar ist und demzufolge auch in den praktischen Ergebnissen große Unsicherheit herrscht. Der VA ist als Rechtsform für komplizierte Dauerschuldverhältnisse zu starr. Er ist jedoch zur Regelung verlorener Zuschüsse geeignet.

4. Zur Gewährleistung eines problemlosen Rechtsschutzes ist es erforderlich, die Verpflichtungsklage auszudehnen: Sie ist nicht nur dann die richtige Klageart, wenn ein VA begehrt wird, sondern immer dann, wenn eine rechtsverbindliche Regelung erstrebt wird — unabhängig davon, ob die Regelung schließlich als VA oder als sVV getroffen wird. Da bzgl. der Klage auf Abschluß subordinationsrechtlicher Verwaltungsverträge eine echte Gesetzeslücke besteht, ist § 42 I VwGO in diesem Sinne ergänzend auszulegen.

Die Form der Regelung (sVV oder VA) steht grundsätzlich im Ermessen der Behörde. Ein im Einzelfall wegen Ermessensschrumpfung auf Null möglicher Anspruch auf Regelung gerade durch Vertrag kann mit der allgemeinen Leistungsklage als „Vertragsklage" geltend gemacht werden.

5. Im Verwaltungsrecht gilt der Grundsatz von der Freiheit der Handlungsformen. Der sVV ist daher stets (formell) zulässig, soweit nicht das Gesetz den VA als Handlungsform ausdrücklich vorschreibt. Geht die Terminologie des Gesetzes vom VA als typischer Regelungsform aus, so liegt darin jedoch noch kein Verbot des Vertrages als Handlungsform.

Für die (materielle) Rechtmäßigkeit vertraglicher Regelungen gelten dieselben Maßstäbe wie für VAe. Insbesondere gilt im Subordinationsverhältnis stets und unabhängig von der Handlungsform der Vorbehalt des Gesetzes. Die Willensübereinstimmung des Bürgers vermag Leistungen ohne gesetzliche Grundlage nicht zu rechtfertigen. Ausreichende Grundlage gesetzlich nicht vorgesehener Leistungen ist aber das Verhältnismäßigkeitsprinzip, sofern

— die Leistung die gesetzlich zwingend vorgeschriebenen Voraussetzungen einer Begünstigung schafft oder

— die Gegenleistung der Behörde in einer Ermessenregelung besteht, die ohne die Leistung ermessensfehlerfrei hätte abgelehnt werden können.

6. Die Problematik von Vergleichsverträgen kann nur durch eine Gegenüberstellung von gerichtlichem und außergerichtlichem Vergleich erfaßt werden. Die Gleichbehandlung beider durch die h. M. beruht

darauf, daß die durchaus verschiedene Bedeutung von Gesetzmäßigkeits- und Amtsermittlungsprinzip, einerseits im Verwaltungsprozeß, andererseits im Verwaltungsverfahren, nicht beachtet wird. —

Ein Prozeßvergleich ist rechtmäßig, wenn die Behörde sachlich und örtlich zuständig ist und kein überwiegendes öffentliches Interesse an gerichtlicher Klärung besteht, unabhängig davon ob die Vergleichsregelung der wahren Rechtslage entspricht. Denn durch § 106 VwGO betont das Gesetz den Wert des Rechtsfriedens und modifiziert dadurch das Gesetzmäßigkeitsprinzip. —

Bei außergerichtlichen Vergleichen ist zusätzliche Voraussetzung das Bestehen einer Zweifelslage. Eine Zweifelslage ist nur gegeben, wenn nach Durchführung der zumutbaren Ermittlungen weder das Bestehen noch das Nichtbestehen eines Anspruchs erwiesen ist oder wenn sich eine Rechtsfrage als objektiv ungeklärt erweist.

7. Auch im Verwaltungsrecht ist zwischen Verpflichtungs- und Verfügungsgeschäft zu unterscheiden. Verfügende Verträge sind denkbar, sofern die Leistung der Behörde ausschließlich in einer rechtlichen Regelung besteht. Sie sind jedoch nicht zulässig, sofern gegen einen entsprechenden VA die Klage eines Dritten zulässig wäre (vgl. § 42 II VwGO). In diesen Fällen ist der Vertrag auf das Verpflichtungsgeschäft zu beschränken, die verfügende Wirkung ist durch nachgeschalteten VA herbeizuführen.

Besteht die Leistungshandlung zu der sich die Behörde vertraglich verpflichtet in einem schlichten Verwaltungshandeln, so ist der Rechtsschutz Dritter durch die vorbeugende Unterlassungsklage gegen die Leistungshandlung gewährleistet. Dies gilt insbesondere für die Konkurrentenklage gegen Subventionen.

8. Beim Vertrag fallen Rechtswidrigkeit und Nichtigkeit zusammen. Rechtswidrig wirksame oder womöglich als weitere Kategorie befristet vernichtbare (sog. „unwirksame") Verträge können nicht anerkannt werden. Die Regelung des § 55 RegEVwVerfG und des § 126 LVwG Schl.H. sind abzulehnen.

9. Primäre und sekundäre Vertragsansprüche sind mit der allgemeinen Leistungsklage vor den Verwaltungsgerichten geltend zu machen. Dies gilt für beide Vertragsparteien. Die Verwaltung kann vertragliche Ansprüche nicht durch Leistungsbescheide geltend machen.

10. Ein Anfechtungsrecht wegen Willensmängeln hat nur der Bürger, nicht die Behörde, weil Willensmängel bei der Behörde nur dann von Belang sind, wenn der Vertrag dadurch inhaltlich rechtswidrig wird — dann aber ist wegen Nichtigkeit kein Raum für eine Anfechtung.

Schrifttumsverzeichnis

Apelt, Willibalt: Der Verwaltungsrechtliche Vertrag, Leipzig 1920, Neudruck 1964
zitiert: Apelt, Vertrag
— Der verwaltungsrechtliche Vertrag, AöR 84 (1959), 249
zitiert: Apelt, AöR 84

Bachof, Otto: Die verwaltungsgerichtliche Klage auf Vornahme einer Amtshandlung, 2. Aufl. Tübingen 1968
zitiert: Vornahmeklage
— Über einige Entwicklungstendenzen im gegenwärtigen deutschen Verwaltungsrecht, Staatsbürger und Staatsgewalt, Bd. II (Karlsruhe 1963), S. 3
zitiert: Entwicklungstendenzen
— Der Rechtsschutz im öffentlichen Recht: gelöste und ungelöste Probleme, DÖV 1953, 417
— Begriff und Wesen des sozialen Rechtsstaats, VVdStRL, Heft 12, S. 37
— Teilrechtsfähige Verbände des öffentlichen Rechts, AöR 83 (1958), 208
— Verfassungsrecht, Verwaltungsrecht, Verfahrensrecht in der Rechtsprechung des Bundesverwaltungsgerichts, Bd. I 3. Aufl. Tübingen 1966 und Bd. II Tübingen 1967
zitiert: Rechtsprechung I bzw. II
— Die Dogmatik des Verwaltungsrechts vor den Gegenwartsaufgaben der Verwaltung, VVdStRL 30, 193
— VVdStRL 29, 249 Diskussionsbeitrag zum Referat von Fritz Ossenbühl, „Die Erfüllung von Vw. Aufgaben durch Private"

Baring: Zur Problematik eines Verwaltungsverfahrensgesetzes, DVBl. 1965, 180

Barocka, E.: Vereinbarungen und Verträge im Wasserrecht, VerwArch. Bd. 51 (1960), 1

Barth, Lotar: Die Verfügungsmacht der Beteiligten über den Streitgegenstand, NJW 1961, 1604

Baur, Fritz: Neue Verbindungslinien zwischen Privatrecht und öffentlichem Recht, JZ 1963, 41
— Vertragliche Verpflichtung und hoheitliches Handeln, NJW 1964, 1213

Beinhardt, Gerd: Der öffentlich-rechtliche Vertrag im deutschen und im französischen Recht, VerwArch. Bd. 55 (1964), 211

Bellstedt, Christoph: Bedürfen Subventionen gesetzlicher Grundlage?, DÖV 1961, 161

Bettermann, K. A.: Die Verpflichtungsklage nach der Bundesverwaltungsgerichtsordnung, NJW 1960, 649

Bisek, Nikolaus-Zeno: Der öffentlich-rechtliche Vertrag nach dem Musterentwurf eines Verwaltungsverfahrensgesetzes in der Fassung von 1963, in der „Münchener Fassung" von 1966 und dem schleswig-holsteinischen Landesverwaltungsgesetz, Diss. Münster 1970

Bleckmann, Albert: Subordinationsrechtlicher Verwaltungsvertrag und Gesetzmäßigkeit der Verwaltung, VerwArch. Bd. 63 (1972), 404

Blume, Joachim: Schuldrechtsähnliche Sonderverbindungen im öffentlichen Recht, Diss. Göttingen 1967

Buddeberg, Theodor: Rechtssoziologie des öffentlich-rechtlichen Vertrages, AöR 8 N. F. (47 A. F.) (1925), S. 85

Bullinger, Martin: Vertrag und Verwaltungsakt, Stuttgart 1962
zitiert: Bullinger, Vertrag

— Zur Notwendigkeit funktionalen Umdenkens des öffentlichen und privatrechtlichen Vertragsrechts im leistungsintensiven Gemeinwesen, Ged. Schr. Hans Peters, Berlin 1967, S. 667
zitiert: Bullinger, Ged. Schr. f. Peters

— Öffentliches Recht und Privatrecht, Stuttgart 1968

von Campenhausen, Axel: Die Koppelung von Verwaltungsakten mit Gegenleistungen im Vertragswege im Bau- und Bauordnungsrecht, DÖV 1967, 662

Dickmann, Herbert: Die Beseitigung behördlicher Bewilligungen durch Aufhebung oder Widerruf, DÖV 1957, 278

Dithmar, Ulrich: Die nichtstreitige Erledigung sozialgerichtlicher Verfahren, NJW 1961, 2245

Dönhoff, Günther: Gutachten: Das Getreidegesetz (Westzonen), BB 1950, 830

Dörffler, Wolfgang: Verwaltungsakte mit Drittwirkung, NJW 1963, 14

Dombrowski, Harald: Mißbrauch der Verwaltungsmacht. Zum Problem der Koppelung verschiedener Verwaltungszwecke, Mainz 1967

Eckert, Lutz: Leistungsstörungen in verwaltungsrechtlichen Schuldverhältnissen, DVBl. 1962, 16

Emmerich, Volker: Die Fiskalgeltung der Grundrechte, namentlich bei erwerbswirtschaftlicher Betätigung der öffentlichen Hand, BGHZ 52, 325 und BGH Betr. 1969, 1791, JuS 1970, 332

— Die kommunalen Versorgungsunternehmen zwischen Wirtschaft und Verwaltung, Frankfurt 1970
zitiert: Versorgungsunternehmen

Enneccerus/Lehmann: Recht der Schuldverhältnisse, von Ludwig Enneccerus, 15. Bearbeitung von Heinrich Lehmann, Tübingen 1958

Eppe, Franz: Subventionen und staatliche Geschenke, Berlin 1966

Ernst/Zinkahn/Bielenberg: Bundesbaugesetz, Band I, Kommentar von Werner Ernst, Willy Zinkahn, Walter Bielenberg, München, Stand 1. 6. 1972

EVwRO f. Wttbg.: Verwaltungsrechtsordnung für Württemberg, Entwurf eines Gesetzes mit Begründung, Stuttgart 1931

EVwVerfG: Musterentwurf eines Verwaltungsverfahrensgesetzes (1963), 2. Aufl. mit Anhang „Münchener Fassung" (1966), Köln 1968

Eyermann/Fröhler: Verwaltungsgerichtsordnung, Kommentar von Erich Eyermann und Ludwig Fröhler, 5. Aufl. München 1971

Finke, Hugo: Zur Wirksamkeit sozialgerichtlicher Vergleiche, Eine Entgegnung, JR 1967, 293

Fleiner, Fritz: Institutionen des deutschen Verwaltungsrechts, 8. Aufl., Tübingen 1928

Flessa, Richard: Schuldverhältnisse des Staates auf Grund Verwaltungsaktes, DVBl. 1957, S. 81 ff. und S. 118 ff.
— Anmerkung zum Urteil des BVerwG vom 6.6.1958 (DÖV 1958, 667), DÖV 1959, 106

Flume, Werner: Allgemeiner Teil des Bürgerlichen Rechts, 2. Band, Das Rechtsgeschäft, Berlin 1965

Forsthoff, Ernst: Lehrbuch des Verwaltungsrechts, 1. Band, Allgemeiner Teil, 10. Aufl. München 1973
zitiert: Lehrbuch I (LB I)
— Rechtsfragen der leistenden Verwaltung, Stuttgart 1959
zitiert: Rechtsfragen
— Anmerkung zum Urteil des BVerwG vom 24.10.1956, DVBl. 1957, 724

Friauf, Karl-Heinrich: Bemerkungen zur verfassungsrechtlichen Problematik des Subventionswesens, DVBl. 1966, 729
— Anm. zu BVerwG U. v. 30.8.68 u. U. v. 25.10.68, DVBl. 1969, 368

Gelzer, Konrad: Der vorläufige Rechtsschutz Dritter und des Begünstigten im Baurecht, NJW 1970, 1353

Giacometti, Zaccaria: Allgemeine Lehren des rechtsstaatlichen Verwaltungsrechts, Zürich 1960

Gitzinger, Hans-Lutwin: Verwaltungsakt auf Unterwerfung, antragsbedingter Verwaltungsakt oder öffentlich-rechtlicher Vertrag, Diss. Saarbrücken 1963

Gladis, Alois: Probleme der Neufassung von Vorschriften über die Gewährung finanzieller Zuwendungen aus öffentlichen Mitteln, DVBl. 1970, 960

Götz, Volkmar: Recht der Wirtschaftssubventionen, München 1966
— Hauptprobleme des verwaltungsrechtlichen Vertrages, JuS 1970, 1

Grimmer, Klaus: Ausübung öffentlicher Gewalt im Bereich der Wirtschaft durch Verwaltungsakt oder Vertrag, BB 1973, 1589

Von der *Groeben/Knack:* Allgemeines Verwaltungsgesetz für das Land Schleswig-Holstein (Landesverwaltungsgesetz). Kommentar von Klaus von der Groeben und Hans Joachim Knack, Ingolstadt 1968

Grund, Hartmut: Die Konkurrenz zwischen subordinationsrechtlichem Verwaltungsvertrag und Verwaltungsakt, DVBl. 1972, 884

Gützkow, Horst: Verwaltungsverfahren im Rechtsstaat. Eine Besprechung der gleichnamigen Schrift von Carl Hermann Ule und Franz Becker, DÖV 1966, 554

Gygi, Fritz: Verwaltungsrecht und Privatrecht, Bern 1956

Haas, Diether: Das Verwaltungsprivatrecht im System der Verwaltungshandlungen und der fiskalische Bereich, DVBl. 1960, 303

Hamann, Andreas: Öffentliche Kredite und Bürgschaften, BB 1953, 865

Hansmeyer, Karl-Heinrich: Subventionen in der Bundesrepublik Deutschland, Berlin 1963

Haueisen, Fritz: Verwaltung und Bürger (Die Rechtsformen des Handelns der Verwaltung gegenüber dem Bürger), DVBl. 1961, 833
— Die Bestandskraft verwaltungsgerichtlicher Vergleiche, DVBl. 1961, 833
— Betrachtungen über die Rücknahme fehlerhafter Verwaltungsakte, DVBl. 1959, 228
— Die Bestandskraft verwaltungsgerichtlicher Vergleiche, DVBl. 1968, 285
— Zur Zulässigkeit, Wirksamkeit und Nichtigkeit des öffentlich-rechtlichen Vertrages, NJW 1969, 122

Henze, Karl-Otto: Verwaltungsrechtliche Probleme der staatlichen Finanzhilfe zugunsten Privater, Heidelberg 1958

Hörstel, Reinhard: Fragen zur Kunstsubvention dargestellt am Beispiel der Dokumenta GmbH, Heidelberg 1961

Huber, Ernst Rudolf: Wirtschaftsverwaltungsrecht I. Band, 2. Aufl. Tübingen 1953
zitiert: WVerwR I
— Über den Rechtsweg für Klagen aus „Übernahmeverträgen" der Einfuhrlenkung, DÖV 1956, 355

Ipsen, Hans Peter: Öffentliche Subventionierung Privater, Berlin 1956
zitiert: Subventionierung
— Haushaltssubventionierung über zwei Stufen, Rückblick auf einen rechtsstaatlichen Ansatz, Festschrift für Gerhard Wacke, S. 139 - 157
zitiert: Fschr. f. Wacke
— Rechtsfragen der Wirtschaftsplanung, Planung II (Hrsg. J. H. Kaiser), Baden-Baden 1966

Ihle, Klaus-Jürgen: Der verwaltungsrechtliche Vertrag aus entscheidungstheoretischer Sicht, Diss. Köln 1972

Imboden, Max: Der verwaltungsrechtliche Vertrag, Basel 1958

Janknecht, Hans: Rechtsformen von Subventionierungen, Diss. Münster 1964

Jaschkowitz, Ernst Joachim: Der Vertrag im Beamtenrecht, AöR Bd. 17 (1929), S. 321

Jellinek, Walter: Verwaltungsrecht, 3. Aufl. Berlin 1931
— Zweiseitiger Verwaltungsakt und Verwaltungsakt auf Unterwerfung, Festgabe zur Feier des 50jährigen Bestehens des Preußischen Oberverwaltungsgerichtshofes, S. 84 ff.

Jesch, Dietrich: Gesetz und Verwaltung. Eine Problemstudie zum Wandel des Gesetzmäßigkeitsprinzips, Tübingen 1961

Kegel, Gerhard: Rohstoff- und Rüstungskredite, Rechtsfragen ihrer Abwicklung, JZ 1951, 385

Kelsen, Hans: Hauptprobleme der Staatsrechtslehre, 2. Aufl. Tübingen 1923
zitiert: Hauptprobleme
— Allgemeine Staatslehre, Berlin 1925
zitiert: Staatslehre

Kimminich, Otto: Rücknahme und Widerruf begünstigender Verwaltungsakte, JuS 1963, 249

Klein, Hans: Die Teilnahme des Staates am wirtschaftlichen Wettbewerb, res publica Bd. 18, Stuttgart 1968

Klinger, Hans: Verwaltungsgerichtsordnung, 2. Aufl. Göttingen 1964

Knack, Hans Joachim: Der öffentlich-rechtliche Vertrag im Musterentwurf eines Verwaltungsverfahrensgesetzes, DVBl. 1965, 709

Koehler, Alexander: Verwaltungsgerichtsordnung vom 21. Januar 1960, Berlin 1960

Kormann, Karl: System der rechtsgeschäftlichen Staatsakte, Berlin 1910

Köttgen, Arnold: Subventionen als Mittel der Verwaltung, DVBl. 1953, 485

Krause, Peter: Die Willenserklärung des Bürgers im Bereich des öffentlichen Rechts, VerwArch. Bd. 61 (1970), 297

— Willensmängel bei mitwirkungsbedürftigen Verwaltungsakten und öffentlich-rechtlichen Verträgen, JuS 1972, 425

Krebs: Vergleich, Anerkenntnis und Verzicht im sozialgerichtlichen Verfahren, SozVuArbR 1963, 87

Krüger, Herbert: Allgemeine Staatslehre, Stuttgart 1964
zitiert: Staatslehre

— Die Auflage als Instrument der Wirtschaftsverwaltung, DVBl. 1955, 450

Laband, Paul: Staatsrecht des Deutschen Reiches, II. Bd., 5. Aufl. Tübingen 1911
zitiert: Staatsrecht

— Besprechung von Otto Meyer: Theorie des französischen Verwaltungsrechts (Straßburg 1886), AöR 2 (1887), 149

Lange, Heinrich: BGB Allgemeiner Teil, 13. Aufl. München 1970

Larenz, Karl: Lehrbuch des Schuldrechts, 2. Bd., 10. Aufl. München 1972

Leisner, Walter: Grundrecht und Privatrecht, München 1960

Lerche, Peter: Die verwaltungsgerichtliche Klage aus öffentlich-rechtlichen Verträgen, Staatsbürger und Staatsgewalt Bd. II, Karlsruhe 1963, S. 59 ff.

Linn: Beendigung des Verwaltungsprozesses ohne Streitentscheidung in der Sache, DVBl. 1956, 849

Löwer, Kurt: Der verwaltungsgerichtliche Prozeßvergleich als materielles Rechtsgeschäft, VerwArch. Bd. 56 (1965), 142 ff. und 236 ff.

— Suspensiveffekt und Vollzugsanordnung, DÖV 1965, 829

Martens: Normenvollzug durch Verwaltungsakt und Verwaltungsvertrag, AöR Bd. 89 (1964), 429

Maunz, Theodor: Die staatliche Verwaltung der Zuschüsse und Subventionen, Bay. VBl. 1962, 1

Maunz/Dürig/Herzog: Grundgesetz Kommentar von Theodor Maunz, Günther Dürig und Roman Herzog, Band I, München 1971

Maury: Parkflächenauflagen, DVBl. 1950, 634

Mayer, Otto: Deutsches Verwaltungsrecht, Bd. I, Leipzig 1895, 2. Aufl. 1914, 3. Aufl. 1924

Mayer, Otto: Zur Lehre vom öffentlich-rechtlichen Vertrage, AöR Bd. 3 (1888), 1

Medicus, Dieter: Bürgerliches Recht, 5. Aufl. Köln 1971

Mellwitz, Artur: Anmerkung zum Urteil des BVerwG v. 28. 3. 1962, DVBl. 1962, 601

Menger, Christian-Friedrich: Höchstrichterliche Rechtsprechung zum Verwaltungsrecht, VerwArch. Bd. 53 (1962), 390; Bd. 52 (1961), 196; Bd. 50 (1959), 77

— Rechtssatz, Verwaltung und Verwaltungsgerichtsbarkeit, DÖV 1955, 587

— Zum Koppelungsverbot bei öffentlich-rechtlichen Verträgen, VerwArch. Bd. 64 (1973), 203

— Rechtsweg und Haftung bei Lieferung verunreinigten Wassers durch Gemeinden, VerwArch. Bd. 64 (1973), 305

Menger/Erichsen: Höchstrichterliche Rechtsprechung zum Verwaltungsrecht von Christian-Friedrich Menger und Hans-Uwe Erichsen, VerwArch. Bd. 56 (1965), 278; Bd. 57 (1966), 175

Meyer, Klaus: Betrachtungen über die Verwaltung aus der Sicht der Rechtsprechung, DÖV 1969, 162

Modest, Fritz: Kommentar zum Getreidegesetz, Heidelberg 1953

Mörtel, Georg: Der öffentlich-rechtliche Vertrag und das Legalitätsprinzip, Bay. VBl. 1965, 217

Mössner, Jörg Manfred: Die öffentlich-rechtliche Konkurrentenklage BVerw GE 30, 191, JuS 1971, 131

Obermayer, Klaus: Anmerkung zum Urteil des BVerwG v. 31. 8. 1961, JZ 1962, 376

Ossenbühl, Fritz: Daseinsvorsorge und Verwaltungsprivatrecht, DÖV 1971, 513

— Die Rücknahme fehlerhafter begünstigender Verwaltungsakte, 2. Aufl. Berlin 1965

— Die Erfüllung von Verwaltungsaufgaben durch Private, VVdStRL 29, 137

Papier, Hans Jürgen: Die Forderungsverletzung im öffentlichen Recht, Berlin, Diss iur. 1970

Peters, Hans: Lehrbuch der Verwaltung, Berlin 1949

— Der Dritte im Baurecht, DÖV 1965, 744

Peters/Sautter/Wolff: Kommentar zur Sozialgerichtsbarkeit von Horst Peters, Theodor Sautter und Richard Wolff (Loseblattsammlung), Berlin 1958

Pötter, Wilhelm: Gegenwartsfragen der Verwaltungsgerichtsbarkeit, Der Staat, Bd. 3 (1964), 183

Püttner, Günter: Das Recht der kommunalen Energieversorgung. Zum Problem der besonderen öffentlichen Aufgaben der Gemeindeunternehmen, Stuttgart 1967

Pieper, Goswin: Zulässigkeit und Funktion des öffentlich-rechtlichen Vertrages im Verhältnis Staat — Bürger, insbesondere im Vergleich zur Funktion des Verwaltungsaktes, DVBl. 1967, 11

Raiser, Ludwig: Vertragsfreiheit heute, JZ 1958, 1

Rebhan: Öffentlich-rechtliche Verträge im Bereich des Erschließungs-, Bauplanungs- und Bauordnungsrechts, Frankfurt, Diss. iur. 1972

Redeker, Konrad: Die Regelung des öffentlich-rechtlichen Vertrages im Musterentwurf, DÖV 1966, 543

Redeker/von Oertzen: Verwaltungsgerichtsordnung erläutert von Konrad Redeker und Hans-Joachim von Oertzen, 4. Aufl. Stuttgart 1971

RegEVwVerfG: Entwurf eines Verwaltungsverfahrensgesetzes der Bundesregierung vom 18. 7. 1973, Bundestagsdrucksache VII 910

Renck, Ludwig: Bestandskraft verwaltungsrechtlicher Verträge?, NJW 1970, 737

Reuß, Wilhelm: Öffentliche Wirtschaftsverwaltung mit privatrechtlichen Mitteln, Staatsbürger und Staatsgewalt Bd. II (Karlsruhe 1963), S. 225

Ringe, Karl: Die Freistellung von der Wohnraumbewirtschaftung, DVBl. 1952, 460

Roser, Thomas: Der staatliche Kredit, Diss. Tübingen 1965

Rößler, Peter: Der öffentlich-rechtliche Vertrag, Verw. Praxis 1956, 275

Rüber, Hans-Josef: Die Konkurrentenklage deutscher Unternehmer gegen wettbewerbsverzerrende Subventionen im Gemeinsamen Markt, NJW 1971, 2097

Rüfner, Wolfgang: Formen öffentlicher Verwaltung im Bereich der Wirtschaft. Untersuchungen zum Problem der leistenden Verwaltung, Berlin 1967

— Die Rechtsformen der sozialen Sicherung und das Allgemeine Verwaltungsrecht, VVdStRL 28, 186

— Haftungsbeschränkungen in verwaltungsrechtlichen Schuldverhältnissen, DÖV 1973, 808

— Anmerkung zum Urteil des BGH v. 29. 9. 72, JZ 1973, 421

Rupp, Hans Heinrich: Verwaltungsakt und Vertragsakt, DVBl. 1959, 81

— Die Beseitigungs- und Unterlassungsklage gegen Träger hoheitlicher Gewalt, DVBl. 1958, 113

— Zum Anwendungsbereich des öffentlich-rechtlichen Vertrages, JuS 1961, 59

Salzwedel, Jürgen: Die Grenzen der Zulässigkeit des öffentlich-rechtlichen Vertrages, Berlin 1958

Schäfer, Walter: Die Klagearten nach der VwGO (insbesondere die Klage auf Erlaß eines abgelehnten Verwaltungsaktes), DVBl. 1960, 837

Schaumann, Wilfried: Grundrechtsanwendung im Verwaltungsprivatrecht, JuS 1961, 110

Scheerbarth, Walter: Das allgemeine Bauordnungsrecht, 2. Aufl. Köln 1966

Schenke, Wolf-Rüdiger: Rechtsschutz des Bauherrn gegenüber der aufschiebenden Wirkung der Nachbarklage (Bemerkungen zu BVerwG, NJW 1969, 202), NJW 1970, 270

Scheuing, Dieter Helmut: les aides financières publiques aux entreprises privées en droit français et européen, Paris 1974

Schick, Walter: Vergleiche und sonstige Vereinbarungen zwischen Staat und Bürger im Steuerrecht, München 1967

Schindler, Dietrich: Die Bundessubventionen als Rechtsproblem, Diss. Zürich 1951

Schlotke, Helmut: Die hoheitliche Einflußnahme auf die Empfänger öffentlicher Subventionen und ihre rechtlichen Grenzen, Diss. Tübingen 1968

Schmidt-Salzer, Joachim: Tatsächlich ausgehandelter Verwaltungsakt und verwaltungsrechtlicher Vertrag, VerwArch. Bd. 62 (1971), 135

Schneider, Hans: Staatsverträge und Verwaltungsabkommen zwischen deutschen Bundesländern, DÖV 1957, 644

Scholz, Rupert: Wirtschaftsaufsicht und subjektiver Konkurrentenschutz, Berlin 1971

— Anmerkung zum Urteil des BVerwG v. 30. 8. 68, NJW 1969, 1044

Schröder, Jörg: Der Prozeßvergleich in den verwaltungsgerichtlichen Verfahrensarten, Diss. Köln 1971

Schüle, Adolf: Die Staatliche Intervention im Bereich der Wirtschaft, VVdStRL Heft 11, S. 75 (2. Mitbericht)

Schulze, Elmar: Baudispensverträge, Stuttgart 1964

Schunck/De Clerck: Verwaltungsgerichtsordnung, Kommentar von Egon Schunck und Hans De Clerck, 2. Aufl. Siegburg 1967

Selmer, Peter: Anmerkung zum Urteil des BVerwG v. 30. 8. 1968, NJW 1969, 1266

Siebert, Wolfgang: Zur neueren Rechtsprechung über Zivilrechtsweg und Verwaltungsrechtsweg, DÖV 1959, 733

— Privatrecht im Bereich öffentlicher Verwaltung. Zur Abgrenzung von öffentlichem Recht und Privatrecht, Festschrift für Hans Niedermeyer, Göttingen 1953, S. 215

Simons, Lothar: Leistungsstörungen verwaltungsrechtlicher Schuldverhältnisse, Berlin 1967

Soergel/Siebert: Bürgerliches Gesetzbuch, 10. Aufl. Berlin 1967
zitiert: Soergel-Bearbeiter

Spanner, Hans: Ein Entwurf eines Verwaltungsverfahrensgesetzes, DVBl. 1964, 845

Stein, Ekkehardt: Der Verwaltungsvertrag und die Gesetzmäßigkeit der Verwaltung, AöR Bd. 86 (1961), 320

Stern, Klaus: Zur Grundlegung einer Lehre des öffentlich-rechtlichen Vertrages, VerwArch. Bd. 49 (1958), 106

Stürner, Rolf: Die Haftung der Gemeinde für verunreinigtes Wasser, BGHZ 59, 303, JuS 1973, 749

Tiemann, Burkhard: Möglichkeiten und Grenzen der Haftungsbeschränkung im verwaltungsrechtlichen Benutzungsverhältnis, Bay. VBl. 1974, 54

Thomas/Putzo: Zivilprozeßordnung mit Gerichtsverfassungsgesetz und den Einführungsgesetzen, erläutert von Heinz Thomas und Hans Putzo, 5. Aufl. München 1971

Tober, Dieter Erich: Die „clausula rebus sic stantibus" bei verwaltungsrechtlichen Verträgen. Ein Beitrag zu den Besonderheiten der Lehre von der Geschäftsgrundlage im öffentlichen Recht, Diss. München 1970

Ule, Carl Hermann: Verwaltungsprozeßrecht, 5. Aufl. München 1971
zitiert: Lehrbuch (LB)

— Verwaltungsgerichtsbarkeit, Band I, 2. Halbband, 2. Aufl. München 1962 (M. von Brauchitsch, Verwaltungsgesetze des Bundes und der Länder, neu herausgegeben von C. H. Ule)
zitiert: Verwaltungsgerichtsbarkeit

Ule/Becker: Carl Hermann Ule und Franz Becker, Verwaltungsverfahren im Rechtsstaat. Bemerkungen zum Musterentwurf eines Verwaltungsverfahrensgesetzes, Köln 1964

Vogel, Klaus: Gesetzgeber und Verwaltung, VVdStRL 24, 125

Wannagat: Der Anwendungsbereich des öffentlich-rechtlichen Vertrages im Sozialversicherungsrecht, NJW 1961, 1191

Warthuysen: Die Vollstreckbarkeit öffentlich-rechtlicher Verträge, SVK 1965, 155

Weiß, Fritz: Der öffentlich-rechtliche Vertrag im Musterentwurf eines Verwaltungsverfahrensgesetzes 1963, Bestandsaufnahme und Kritik, Diss. Tübingen 1971

Wenzel: Der Begriff des verwaltungsrechtlichen Vertrages, SKV 1974, 57

Werner, Paul: Auswirkungen der Zweistufentheorie im Subventionsrecht, Schriftenreihe der Hochschule Speyer Bd. 13: Wandlungen der rechtsstaatlichen Verwaltung, Berlin 1962, S. 98

Willigmann, Klaus: Koppelung von Verwaltungsakten mit wirtschaftlichen Gegenleistungen, DVBl. 1963, 229

Wolf, Ernst: Zur Methode der Bestimmung von privatem und öffentlichem Recht, Festschr. für Erich Molitor, München 1962, S. 1

Wolf, Manfred: Rechtsgeschäftliche Entscheidungsfreiheit und vertraglicher Interessenausgleich, Tübingen 1970

Wolff, Hans-J.: Verwaltungsrecht I, 8. Aufl. München 1971; Verwaltungsrecht III, 3. Aufl. München 1973; 2. Aufl. 1967

— Der Unterschied zwischen öffentlichem und privatem Recht, AöR Bd. 76 (1951), 205

Wolff, Jürgen: Rechtsfragen der Verwaltung durch Subventionen, Der Betrieb 1970, 333

von Zastrow, Berengar: Die Rechtswirksamkeit und Bestandskraft von sozialgerichtlichen Vergleichen auf dem Gebiet der gesetzlichen Rentenversicherung, JR 1967, 5

Zeidler, Karl: Empfiehlt es sich, die bestehenden Grundsätze über Auskünfte und Zusagen beizubehalten?, Verhandlungen des 44. Deutschen Juristentages, Band I, 2. Teil, Tübingen 1962

Ziegler, Jürgen: Anmerkung zum Urteil des OLG Köln, DVBl. 1971, 423 (425)

Zuleeg, Manfred: Die Rechtsform der Subventionen, Berlin 1965
— Zweistufige Rechtsverhältnisse bei der Vergabe öffentlicher Aufträge?, NJW 1962, 2231
— Subventionskontrolle durch Konkurrentenklage, Frankfurt 1974; zitiert: Konkurrentenklage

Verzeichnis der angezogenen Entscheidungen

1. Bundesverfassungsgericht

Urteil	vom	28. 2. 1961 (2 BvG 1 und 2/60)	DÖV 1961, 504
Urteil	vom	30. 1. 1973 (2 BvH 1/72)	BVerfGE 34, 216

2. Bundesverwaltungsgericht

Urteil	vom	12. 1. 1955 (V C 107.54)	BVerwGE 1, 308
Beschl.	vom	21. 1. 1956 (I B 179/55)	DÖV 1956, 410
Urteil	vom	8. 3. 1956 (I C 106.55)	BVerwGE 3, 205
Urteil	vom	29. 5. 1956 (IV C 012.55)	BVerwGE 3, 308
Urteil	vom	24. 10. 1956 (V C 236.54)	BVerwGE 4, 111
Urteil	vom	26. 6. 1957 (V C 109.56)	BVerwGE 5, 128
Urteil	vom	25. 10. 1957 (III C 370.56)	BVerwGE 5, 312
Urteil	vom	7. 11. 1957 (II C 109.55)	DÖV 1958, 303
Urteil	vom	7. 3. 1958 (VII C 8.57)	BVerwGE 6, 244
Urteil	vom	21. 3. 1958 (VII C 6.57)	BVerwGE 6, 282
Urteil	vom	6. 6. 1958 (VII C 227.57)	BVerwGE 7, 89
Urteil	vom	23. 7. 1958 (V C 328.56)	BVerwGE 7, 180
Urteil	vom	17. 10. 1958 (VII C 183.57)	BVerwGE 7, 264
Urteil	vom	13. 11. 1958 (III C 76.57)	Sammel- u. Nachschlagewerk der Rspr. d. BVerwG, Bd. 5, 427.2 § 8 Nr. 31
Urteil	vom	19. 12. 1958 (VII C 204.57)	DÖV 1959, 706
Urteil	vom	9. 4. 1959 (III C 244.57)	Sammel- u. Nachschlagewerk der Rspr. d. BVerwG, Bd. 56, 427.3 § 254 LAG Nr. 49
Urteil	vom	24. 4. 1959 (VI C 91.57)	BVerwGE 8, 261
Beschl.	vom	9. 6. 1959 (IV B 200/58/ IV C 342/58)	DVBl. 1959, 665
Urteil	vom	5. 6. 1959 (VII C 83.57)	BVerwGE 8, 329
Urteil	vom	5. 6. 1959 (VII C 103.58)	BVerwGE 9, 1
Beschl.	vom	23. 11. 1959 (VII B 81/59)	DVBl. 1960, 106
Urteil	vom	28. 1. 1960 (I A 17.57)	BVerwGE 10, 122
Urteil	vom	6. 5. 1960 (VII C 57.59)	BVerwGE 10, 274
Urteil	vom	12. 5. 1960 (III C 97.59)	BVerwGE 10, 308
Urteil	vom	29. 9. 1960 (II C 145.58)	BVerwGE 11, 136
Urteil	vom	18. 10. 1960 (V C 36.60)	DVBl. 1961, 208
Urteil	vom	28. 10. 1960 (VII C 212.59)	BVerwGE 11, 187
Urteil	vom	7. 12. 1960 (V C 228/59)	NJW 1961, 1130

Urteil	vom	31. 8. 1961 (VIII C 6.60)	BVerwGE 13, 47
Urteil	vom	27. 9. 1961 (I C 93.58)	GewArch. 1962, 68
Urteil	vom	19. 12. 1961 (II C 9.61)	BVerwGE 13, 248
Urteil	vom	23. 1. 1962 (III C 203.60)	BVerwGE 13, 307
Urteil	vom	8. 3. 1962 (VIII C 160.60)	BVerwGE 14, 65
Urteil	vom	22. 2. 1963 (VII C 13.60)	BVerwGE 15, 296
Urteil	vom	28. 6. 1963 (VII C 137.61)	BVerwGE 16, 181
Urteil	vom	12. 7. 1963 (VII C 27.62)	Sammel- u. Nachschlagewerk der Rspr. d. BVerwG, Bd. 4, 401.0 § 1 Nr. 3
Urteil	vom	29. 10. 1963 (I C 8.63)	BVerwGE 17, 83
Urteil	vom	6. 5. 1964 (VIII C 394.63)	BVerwGE 18, 283
Urteil	vom	27. 5. 1964 (VIII C 316.63)	BVerwGE 18, 303
Urteil	vom	26. 2. 1965 (VII C 71.63)	BVerwGE 20, 295
Urteil	vom	5. 10. 1965 (IV C 26.65)	BVerwGE 22, 138
Beschl.	vom	22. 11. 1965 (IV LB 224/65)	DVBl. 1966, 273
Urteil	vom	4. 2. 1966 (IV C 64.65)	BVerwGE 23, 213
Urteil	vom	21. 9. 1966 (V C 155.65)	BVerwGE 25, 72
Urteil	vom	25. 11. 1966 (VII C 35.65)	BVerwGE 25, 299
Urteil	vom	19. 1. 1967 (VI C 73.64)	BVerwGE 26, 31
Urteil	vom	1. 3. 1967 (IV C 74.66)	BVerwGE 26, 251
Urteil	vom	28. 9. 1967 (II C 37.67)	BVerwGE 28, 1
Urteil	vom	26. 4. 1968 (VII C 103.66)	BVerwGE 29, 314
Urteil	vom	27. 6. 1968 (II C 70.67)	BVerwGE 30, 65
Urteil	vom	28. 6. 1968 (VII C 118.66)	JZ 1969, 69
Urteil	vom	30. 8. 1968 (VII C 122.66)	BVerwGE 30, 191
Beschl.	vom	21. 10. 1968 (IV C 33/68)	NJW 1969, 202
Urteil	vom	14. 3. 1969 (VII C 37.67)	DÖV 1971, 312
Urteil	vom	25. 2. 1970 (VI C 125.67)	NJW 1970, 2260
Urteil	vom	17. 2. 1971 (IV C 86.68)	DVBl. 1971, 412
Beschl.	vom	8. 9. 1972 (VII B 23/71)	VerwRspr. 24, 740
Urteil	vom	19. 10. 1972 (II C 28.72)	VerwRspr. 24, 688
Urteil	vom	29. 5. 1973 (VII C 2.72)	DÖV 1974, 133
Urteil	vom	6. 7. 1973 (IV C 22.72)	DVBl. 1973, 800
Urteil	vom	30. 11. 1973 (VIII C 78.72)	Bay. VBl. 1974, 166

3. Bundesgerichtshof

Urteil	vom	23. 4. 1951 (IV ZR 158/50)	BGHZ 2, 37
Urteil	vom	19. 6. 1952 (III ZR 113/51)	BGHZ 6, 304
Urteil	vom	16. 2. 1956 (II ZR 30/55)	BGHZ 20, 77
Urteil	vom	29. 11. 1956 (III ZR 40/55)	BGHZ 22, 246
Urteil	vom	12. 12. 1956 (III ZR 97/55)	BGHZ 23, 36
Urteil	vom	21. 11. 1957 (III ZR 250/55)	BGHZ 26, 84
Urteil	vom	10. 12. 1958 (V ZR 70/57)	BGHZ 29, 76

Verzeichnis der angezogenen Entscheidungen

Urteil	vom	25. 4. 1960 (III ZR 81/59)	BGHZ 32, 214
Urteil	vom	27. 10. 1960 (III ZR 157/59)	NJW 1961, 73
Urteil	vom	26. 10. 1961 (K ZR 1/61)	BGHZ 36, 91
Beschl.	vom	27. 2. 1962 (I ZR 118/60)	BGHZ 37, 1
Urteil	vom	7. 11. 1963 (VII ZR 189/61)	BGHZ 40, 206
Urteil	vom	21. 12. 1964 (III ZR 70/63)	DVBl. 1965, 276
Urteil	vom	14. 7. 1966 (III ZR 190/64)	DVBl. 1967, 36
Urteil	vom	23. 9. 1969 (VI ZR 19/68)	BGHZ 52, 325
Urteil	vom	30. 9. 1970 (I ZR 132/68)	DVBl. 1971, 395
Urteil	vom	12. 7. 1971 (III ZR 252/68)	BGHZ 56, 365
Urteil	vom	12. 10. 1971 (VI ZR 87/69)	BGHZ 57, 130
Urteil	vom	31. 1. 1972 (III ZR 220/69)	DÖV 1972, 719
Urteil	vom	10. 2. 1972 (III ZR 205/70)	DÖV 1972, 314
Urteil	vom	5. 5. 1972 (V ZR 63/70)	VerwRspr. 24, 591
Urteil	vom	12. 5. 1972 (V ZR 105/70)	DÖV 1972, 718
Urteil	vom	29. 9. 1972 (V ZR 140/70)	JZ 1973, 420
Urteil	vom	4. 10. 1972 (VIII ZR 117/71)	BGHZ 59, 303
Urteil	vom	22. 2. 1973 (III ZR 28/71)	Zeitschrift für Bergrecht 1973, 402
Urteil	vom	17. 5. 1973 (III ZR 68/71)	NJW 1973, 1741
Urteil	vom	20. 9. 1973 (III ZR 174/71)	DVBl. 1974, 42
Urteil	vom	18. 10. 1973 (III ZR 199/71)	JuS 1974, 191 (mitgeteilt von Weber)

4. Bundessozialgericht

Urteil	vom	25. 10. 1956 (4 RJ 45/55)	BSGE 4, 31
Urteil	vom	30. 10. 1959 (G R Ka 8/59)	NJW 1960, 402
Urteil	vom	19. 12. 1961 (7 R Ar 35/61)	BSGE 16, 61
Urteil	vom	25. 4. 1967 (11 RA 138/66)	BSGE 26, 210
Urteil	vom	22. 8. 1967 (2 RU 260/66)	NJW 1968, 176
Urteil	vom	10. 11. 1972 (5 R Kn 81/70)	BSGE 35, 47
Urteil	vom	14. 2. 1973 (1 RA 167/72)	BSGE 35, 188

5. Reichsgericht

Urteil	vom	19. 1. 1940 (III 75/39)	RGZ 162, 364

6. Ländergerichte

Bay. VGH

Urteil	vom	19. 6. 1952 (Nr. 18 IV 51)	DÖV 1952, 729
Urteil	vom	5. 6. 1962 (Nr. 15 VIII 62)	Bay. VBl. 1962, 284
Urteil	vom	27. 4. 1967 (Nr. 51 VI 66)	Bay. VGH N. F. 20, 43
Urteil	vom	21. 11. 1967 (Nr. 266 VI 66)	VerwRspr. 19, 295
Urteil	vom	24. 5. 1972 (Nr. 178 IV 68)	VerwRspr. 24, 545
Urteil	vom	14. 2. 1973 (Nr. 182 II 72)	Bay. VBl. 1974, 159

Bay. VerfGH

Urteil vom	16. 3. 1960 (Vf 26-VI 59)	Bay. VGH N. F. 13 II, 53
Beschl. vom	28. 9. 1960 (Vf 146-VI-56)	NJW 1961, 163

Bay. ObLG

Urteil vom	5. 7. 1973 (RReg 2 Z 118/72)	Bay. ObLGE 1973, 173

VG München

Urteil vom	15. 12. 1971 (7277/68) nicht rechtskräftig	Bay. VBl. 1973, 135

OVG Berlin

Urteil vom	9. 11. 1954 (III B 195/53)	JR 1955, 75
Urteil vom	29. 10. 1959 (VI B 116/58)	OVGE 6, 71

OVG Hamburg

Urteil vom	6. 8. 1954 (Bf II 296/53)	VerwRspr. 8, 228
Urteil vom	14. 8. 1958 (Bf II 132/57)	MDR 1959, 608
Urteil vom	4. 8. 1959 (Bf III 73/58)	BBauBl. 1959, 642
Urteil vom	14. 1. 1965 (Bf II 20/64)	DÖV 1966, 348

Hess. VGH

Urteil vom	18. 5. 1966 (05 II 76/63)	DÖV 1966, 760

LVG Koblenz

Urteil vom	18. 2. 1954 (1 C 55/53)	BBauBl. 1954, 177

OLG Köln

Urteil vom	26. 2. 1970 (7 U 127/69)	DVBl. 1971, 423

OVG Lüneburg

Urteil vom	29. 3. 1968 (I A 54/66)	DÖV 1968, 803
Urteil vom	27. 7. 1972 (I A 118/71) nicht rechtskräftig	DVBl. 1972, 897

VGH Mannheim

Urteil vom	21. 6. 1965 (II - 310/64)	BBauBl. 1966, 509

OVG Münster

Beschl. vom	6. 3. 1952 (II B 839/51)	VerwRspr. 4, 886
Urteil vom	25. 1. 1957 (II A 22/56)	BBauBl. 1957, 629
Urteil vom	19. 12. 1958 (II A 983/58)	OVGE 14, 274
Urteil vom	21. 6. 1960 (VII A 1138/58)	OVGE 16, 12
Urteil vom	20. 4. 1966 (IV A 392/65)	DÖV 1967, 271
Urteil vom	19. 4. 1967 (III A 1/67)	DÖV 1967, 722

Urteil	vom	16. 2. 1971 (VII A 512/68)	OVGE 26, 180
Urteil	vom	4. 5. 1972 (III A 269/70)	DVBl. 1972, 799
Urteil	vom	24. 5. 1972 (IV A 216/70) nicht rechtskräftig	BB 1972, 1297
Urteil	vom	30. 3. 1973 (X A 714/71) nicht rechtskräftig	DVBl. 1973, 696
Urteil	vom	13. 4. 1973 (V A 966/71) nicht rechtskräftig	BB 1973, 1513

OVG Saarland

Urteil vom 6. 5. 1959 (IM 13/57) DÖV 59/708

Preuß. OVG

Urteil vom 13. 6. 1929 (IV C 35/27) OVGE 84, 301

Schiedsgerichtsurteil vom 21. 5. 1973, DÖV 1973, 852

Printed by Libri Plureos GmbH
in Hamburg, Germany